Stefanie Enderle | Alexa M. Kunz | Anna Lehner
Das Schlüsselqualifikationsangebot an deutschen Universitäten

Forschungsperspektive Schlüsselqualifikation

Herausgegeben von
Andreas Hirsch-Weber | Ines Langemeyer |
Simone Löffler | Alexa M. Kunz | Stefan Scherer

Von Schlüsselqualifikationen (SQ) wird viel erwartet: Unverbundenes zu verbinden, hochspezialisierte Fachlichkeit anschlussfähig zu machen oder kurzfristig Erreichtes nachhaltig zu sichern. Von der Studieneingangsphase bis an die Schwelle zum Arbeitsmarkt sind curriculare und außercurriculare Angebote zum fachübergreifenden Kompetenzerwerb in den Studiengängen ganz verschiedener Disziplinen verankert und dort auch jeweils stark nachgefragt.
Diesem Ausbau von SQ-Angeboten folgte aber bislang keine eigenständige SQ-Forschung. Für systematische Untersuchungen stellen sich zudem eigene Herausforderungen: Zum einen handelt es sich um ein interdisziplinäres Forschungsfeld, das auf den theoretischen wie methodologischen Grundlagen eines breiten Fächerspektrums basiert; zum anderen wird das SQ-Angebot an den Hochschulen aus verschiedenen institutionellen Verortungen und Perspektiven heraus gestaltet.
Die Reihe Forschungsperspektive Schlüsselqualifikation will den Professionalisierungsprozess von SQ-Angeboten konsequent durch Forschung vorantreiben. Sie liefert damit einen Beitrag zur Begründung und Etablierung einer eigenständigen Disziplin für den SQ-Bereich.

Stefanie Enderle | Alexa M. Kunz |
Anna Lehner

Das Schlüsselqualifikationsangebot an deutschen Universitäten

Empirische Befunde

BELTZ JUVENTA

Die Autorinnen

Stefanie Enderle, Dipl.-Soz.-Wiss., ist wissenschaftliche Mitarbeiterin am Institut für Technikfolgenabschätzung und Systemanalyse (ITAS) des Karlsruher Instituts für Technologie (KIT). Zuvor war sie am Methodenlabor des House of Competence (HOC) beschäftigt.

Dr. Alexa M. Kunz, Soziologin, ist akademische Rätin am House of Competence (HOC) des Karlsruher Instituts für Technologie (KIT). Sie leitet das dort ansässige Methodenlabor und ist stellvertretende Geschäftsführerin des HOC.

Anna Lehner, M.A. (Pädagogik), ist wissenschaftliche Mitarbeiterin am Zentrum für Lehrerbildung (ZLB) des Karlsruher Instituts für Technologie (KIT). Zuvor war sie am Methodenlabor des House of Competence (HOC) beschäftigt.

FSC www.fsc.org MIX Papier aus verantwortungsvollen Quellen FSC® C089473

Dieses Buch ist erhältlich als:
ISBN 978-3-7799-3898-9 Print
ISBN 978-3-7799-5093-6 E-Book (PDF)

1. Auflage 2021

in der Verlagsgruppe Beltz · Weinheim Basel
Werderstraße 10, 69469 Weinheim

Herstellung: Ulrike Poppel
Satz: Helmut Rohde, Euskirchen
Druck und Bindung: Beltz Grafische Betriebe, Bad Langensalza
Printed in Germany

Weitere Informationen zu unseren Autor_innen und Titeln finden Sie unter: www.beltz.de

Für Carl

Inhalt

1 Die Erforschung des Schlüsselqualifikationsuniversums – Vorwort 9

2 Professionalisierung von Schlüsselqualifikationsangeboten – Woher wissen wir, was wir tun? Ein Tagungsbericht
Cristina Loesch und Sandra Schneck 11

3 Die Erkundung des Schlüsselqualifikationsuniversums – Hintergrund und Ziele der Studie 17
3.1 Lost in Space? Der Begriff der Schlüsselqualifikationen im vorliegenden Kontext 17
3.2 Big Bang Bologna – die jüngere Debatte um Schlüsselqualifikationen und verwandte Konzepte 20
3.3 Die Mission – Anliegen und Fragestellungen der Studie 27
3.4 Existierende Koordinaten – bisherige Arbeiten zum skizzierten Forschungsfeld 30

4 Mit Mixed-Methods durch die Galaxie – Forschungsdesign und methodisches Vorgehen 34
4.1 Das Forschungsdesign im Überblick 34
4.2 Schritte der Datenerhebung und -auswertung 36
4.3 Typenbildung 43

5 Licht im Dunkel des Schlüsselqualifikationsuniversums – Ergebnisse der Studie 44
5.1 Wie viele Einheiten, die Schlüsselqualifikationen anbieten, gibt es an deutschen Universitäten und wie sind diese strukturell verankert? 44
5.2 Inwiefern werden Schlüsselqualifikationsangebote mit ECTS-Punkten creditiert? 46
5.3 Wer bietet mit ECTS-Punkten creditierte Schlüsselqualifikationsveranstaltungen für welche Zielgruppe an? 47
5.4 Welche Themen und Inhalte finden sich in den Programmen der Organisationseinheiten mit Schlüsselqualifikationsbezug? 50
5.4.1 Kommunikation und Kooperation 53
5.4.2 Wissenschaftliches Arbeiten 55
5.4.3 Interkulturalität, Internationalität und Diversität 57
5.4.4 Sprachen 59

5.4.5 Management (in verschiedenen Bereichen) 61
5.4.6 Lern- und Arbeitstechniken 63
5.4.7 Berufsorientierung und -einstieg 65
5.4.8 Juristische und ökonomische Grundlagen 67
5.4.9 Medienbildung 69
5.4.10 Selbstverortung, geistige und körperliche Gesundheit 71
5.4.11 EDV 74
5.4.12 Ethik und gesellschaftliche Verantwortung 76
5.4.13 Historische und politische Grundlagen 78
5.5 Welche Typen von Schlüsselqualifikationsanbietern gibt es? 79
5.5.1 Typ Neutronenstern 82
5.5.2 Typ Saturn 84
5.5.3 Typ Krebsnebel 86
5.5.4 Typ Supernova 0509 88
5.5.5 Typ Roter Riese 90
5.6 Exkurs 92
5.6.1 Weitere Ergebnisse aus der Onlinebefragung 92
5.6.2 Weitere Ergebnisse aus dem Rechercheprozess 95

6 Back to Earth – Fazit aus der Erkundung des Schlüsselqualifikationsuniversums 97

7 Verzeichnisse 105
7.1 Quellenverzeichnis 105
7.2 Abbildungsverzeichnis 110
7.3 Glossar 111

Anhang 115
Kurzfragebogen 115
Offline-Darstellung des Onlinefragebogens 116
Codebaum 130

1 Die Erforschung des Schlüsselqualifikationsuniversums – Vorwort

> „Mein Ziel ist einfach. Es ist das vollständige Verstehen des Universums – warum es so ist, wie es ist, und warum es überhaupt existiert.“ (Stephen Hawking)

Ähnlich wie Stephen Hawking setzten wir uns zu Beginn der empirischen Studie „Schlüsselqualifikationsangebote an deutschen Universitäten“ ein vermeintlich einfaches Ziel: das vollständige Verstehen des Bereichs rund um Schlüsselqualifikationen (SQ). Schnell wurde jedoch deutlich, dass dieser Bereich schier unendlich und voller interessanter Phänomene ist – und damit durchaus viele Ähnlichkeiten mit dem astronomischen Universum aufweist.[1] Insbesondere die oft undurchsichtigen und diffusen Strukturen zu erfassen, stellte die Mission vor große Herausforderungen. Entsprechend passten wir unser Erkenntnisinteresse an und verfolgten fortan das Ziel, dieses komplexe SQ-Universum zunächst einmal in seinem ‚Wie‘ zu erkunden, um darüber ein erstes Verständnis von dem ‚Warum‘ zu erhalten.

Den Anlass für diese Unternehmung bot die Tagung „Professionalisierung von Schlüsselqualifikationsangeboten. Woher wissen wir, was wir tun?“, die das House of Competence (HOC) – zentrale wissenschaftliche Einrichtung im Bereich fachübergreifender Kompetenzentwicklung am Karlsruher Institut für Technologie (KIT) – im Jahr 2017 anlässlich seines zehnjährigen Bestehens veranstaltete.[2]

Um im Vorfeld der Tagung einen bis dato ausstehenden systematischen Überblick über die unterschiedlichen Akteure, Selbstverständnisse, Angebote und Strukturen von SQ-anbietenden Einrichtungen in der deutschen Universitätslandschaft zu erhalten, führte das Methodenlabor des HOC eine entsprechende empirische Studie durch. Erste Ergebnisse wurden im Rahmen der Tagung vorgestellt und diskutiert, die Impulse aus der Tagung flossen in die weitere Auswertung des reichhaltigen Datenmaterials ein. Die Ergebnisse dieser tieferen Erkundung liegen nun in diesem Band gesammelt vor.[3]

---

1 Die Tatsache, dass die Autorinnen an einer naturwissenschaftlich-technisch geprägten Universität beheimatet sind, trug sicher ihren Teil dazu bei, dass die Wahl ausgerechnet auf diese Metapher fiel.

2 Einen Überblick über die Veranstaltung bietet der Tagungsbericht von Cristina Loesch und Sandra Schneck in Kapitel 2 des vorliegenden Bandes.

3 Die Ergebnisse aus den Tagungs-Panels werden in weiteren Bänden der Reihe „Forschungsperspektive Schlüsselqualifikationen“ dokumentiert.

Diese Publikation hätte nicht ohne Mithilfe und Unterstützung von vielen Beteiligten zustande kommen können: Zuallererst gilt unser Dank den Studienteilnehmer*innen für ihre Bereitschaft und ihr Vertrauen, sich zu beteiligen. Dem Unternehmen 1&1 danken wir für die finanzielle Unterstützung bei der Erstellung der Publikation.

Für ein wunderbares akademisches Umfeld gebührt unser Dank den Kolleg*innen am HOC, allen voran Michael Stolle, der uns ermöglichte, dieses Thema zu bearbeiten. Maren Götz danken wir herzlich für ihre Geduld und Kreativität bei der Gestaltung der Abbildungen, Carolin Moser und Kevin Maier für ihr ausgesprochen aufmerksames Lektorat. Sebastian Senst gilt unser Dank für seinen fachlichen Rat als Physiker bei der Entwicklung der astronomischen Analogien im Rahmen der Typendarstellung.

Darüber hinaus danken wir den Reihenherausgeber*innen für die Möglichkeit, den Band in der Reihe „Forschungsperspektive Schlüsselqualifikation" zu publizieren.

Frank Engelhardt und Konrad Bronberger vom Verlag Beltz Juventa danken wir für die gewohnt gute Zusammenarbeit. Helmut Rohde gilt unser Dank für den Satz.

Schließlich danken wir unseren Partnern, Familien und Freund*innen, vor allem für die geschenkte Zeit.

Karlsruhe, im August 2020
Stefanie Enderle
Alexa Maria Kunz
Anna Lehner

2 Professionalisierung von Schlüsselqualifikationsangeboten – Woher wissen wir, was wir tun? Ein Tagungsbericht

Cristina Loesch und Sandra Schneck

Am 5. und 6. Oktober 2017 feierte das House of Competence (HOC), zentrale wissenschaftliche Einrichtung zur forschungsbasierten Vermittlung von Schlüsselqualifikationen (SQ) am Karlsruher Institut für Technologie (KIT), sein zehnjähriges Bestehen. Aus diesem Anlass und mit Blick auf die bundesweite Entwicklung von SQ-Einrichtungen an Hochschulen im Verlauf der letzten Jahre lud das HOC zu einer Tagung unter der Leitfrage „Professionalisierung von Schlüsselqualifikationsangeboten. Woher wissen wir, was wir tun?" ein. Den Auftakt der Veranstaltung bildete der Plenartag am 5. Oktober. Hier diskutierten Vertreter*innen aus Wissenschaft, Hochschulverwaltung und Politik die Chancen und Risiken der Vermittlung überfachlicher Kompetenzen.

Holger Hanselka, Präsident des KIT, und Ulrich Ebner-Priemer, Wissenschaftlicher Direktor des HOC, begrüßten die Teilnehmer*innen und gaben eine kurze Einführung zur historischen Entwicklung und Struktur des HOC, das neben den Kompetenzlaboren (Lernlabor, Methodenlabor und Schreiblabor) das Zentrum für Mediales Lernen (ZML) sowie das Zentrum für Lehrerbildung (ZLB) vereint. Zum Teil des Rahmenprogramms gehörte außerdem die Vorstellung erster Ergebnisse aus der empirischen Studie „Schlüsselqualifikationsangebote an deutschen Universitäten". Diese Untersuchung war im Vorfeld der Tagung von Stefanie Enderle, Anna Lehner und Alexa Maria Kunz am Methodenlabor durchgeführt worden. Mittels eines iterativ angelegten Mixed-Methods-Forschungsdesigns, das unter anderem die Auswertung von Veranstaltungsprogrammen und eine Onlinebefragung beinhaltete, erfassten sie die unterschiedlichen Akteure, Angebote und Strukturen von SQ-anbietenden Einrichtungen an deutschen Universitäten erstmals systematisch.

Die Keynote zum Thema „Studium im Ausland und die Entwicklung von Schlüsselqualifikationen" übernahm Margret Wintermantel, Präsidentin des Deutschen Akademischen Austauschdienstes (DAAD). Unter Schlüsselqualifikationen versteht Wintermantel Fähigkeiten, die den kompetenten Umgang mit Wissen sowie die Anpassung an neue Bedingungen ermöglichen. Hierzu zählen neben Sach- und Methodenkompetenzen auch Selbst- und Sozialkompetenzen. Da es bisher kaum empirische Forschung zu den Zusammenhängen von Auslandssemestern und Schlüsselqualifikationen gebe, ließen sich diese, so Wintermantel, nur anhand anekdotischer Evidenzen beschreiben. Sie wies auf bestehende Statistiken hin, die vermuten lassen, dass die Entscheidung deutscher Studierender bei der Wahl eines Landes – neben naheliegenden Gründen wie dem Fremdsprachenerwerb – vor allem von der Reputation der dortigen Universität in Bezug auf das studierte Fach abhänge. Der daraus resultierenden Annahme, dass Studierende grundsätzlich fachliche vor überfachliche Qualifikationen stellen würden, widersprach Wintermantel und nannte hierzu eine Studie des Instituts für Hochschulforschung in Hannover. Diese Studie stellt die Motive deutscher Studierender für ein Auslandssemester den wahrgenommenen Erträgen gegenüber und zeigt, dass vor allem im SQ-Bereich deutlich höhere Zugewinne empfunden werden als in Bezug auf fachliche Weiterbildung (Woisch/Willige 2015). Ein Auslandsaufenthalt trage laut Wintermantel vor allem dazu bei, eigene Positionen und Selbstverständlichkeiten zu hinterfragen. Sie verwies an dieser Stelle auf Arbeiten zum Zusammenhang zwischen Persönlichkeitsentwicklung und Auslandsaufenthalten bei Jugendlichen und jungen Erwachsenen, in deren Rahmen unter anderem nachgewiesen werden konnte, dass durch Auslandsaufenthalte die Persönlichkeitsmerkmale Offenheit und Verträglichkeit stärker ausgeprägt werden (zum Beispiel Zimmermann et al. 2015). Auch Erfahrungsberichte der Studierenden bestätigten die Annahme, dass durch das Zurechtfinden in einer anderen Kultur und das damit verbundene Kennenlernen von Unterschieden die eigene Persönlichkeit wachse. Gerade „hidden competences" wie Toleranz und Flexibilität, die auch auf dem Arbeitsmarkt eine große Rolle spielten, würden also im Ausland und nicht in Kursen an Hochschulen erworben. Lässt sich daraus nun ableiten, dass SQ-Einrichtungen an Universitäten unnötig sind?

Diese offene Frage war Ausgangspunkt der anschließenden Podiumsdiskussion „Nice to have – Gehören SQ-Einrichtungen zum Kernbestand der Hochschulen?", moderiert von Ursula Nusser, Redaktionsleiterin des SWR2-Forums in Baden-Baden. Neben Margret Wintermantel debattierten Julika Griem, Vizepräsidentin der Deutschen Forschungsgemeinschaft (DFG), Horst Hippler, Präsident der Hochschulrektorenkonferenz (HRK), Stefan Kaufmann, Obmann der CDU/CSU-Fraktion im Ausschuss für Bildung, Forschung und Technikfolgenabschätzung des Deutschen Bundestages sowie Alexander Wanner, Vizepräsident für Lehre und akademische Angelegenheiten am KIT. In der Diskussion kristallisierten sich fünf Kernthemen heraus, die in Zukunft für das Thema relevant sein könnten:

1. Forderung einer Begriffspräzisierung von Schlüsselqualifikation: Eine allgemeingültige Definition des Begriffs existiert derzeit nicht, weshalb Hippler und Wintermantel Schlüsselqualifikation sogar als „Unwort" und „Contai-

nerbegriff" kritisierten. Auch Griem schloss sich der Forderung nach einer Vereinheitlichung an, indem sie die Bandbreite der parallel zum SQ-Begriff kursierenden Angebote aufzeigte, welche von Soft Skills über Qualifikationen bis hin zu Kompetenzen reiche.

2. Schlüsselqualifikationen als universitäres Zusatzangebot: Im Zusammenhang mit internen und externen Erwartungshaltungen sowie mit der aktuellen demographischen Entwicklung der Studierendenschaft warnte Griem vor einer „therapeutischen Rundum-Versorgung" nach amerikanischem Vorbild. Die Unterscheidung zwischen Schule und Hochschule in Bezug auf Eigenständigkeit müsse trotz des sinkenden universitären Eintrittsalters weiterhin fortbestehen. Schlüsselqualifikationen sollten dabei als Angebot fungieren und keine umfassende Betreuung der Studierenden gewährleisten, so Wanner.
3. Diskussion eines bundesweiten ‚Königswegs' für die strukturelle Implementierung von Schlüsselqualifikationen an deutschen Hochschulen: Sind Schlüsselqualifikationen in Bezug auf die Fächer besser additiv oder integrativ zu verorten? Aktuell existieren verschiedene institutionelle Modelle – dabei stehen sich auch dezentrale und zentrale Einrichtungen gegenüber. Diese unterscheiden sich wiederum in der Position der Mitarbeitenden als Wissenschaftler*innen oder Verwaltungsangestellte und sind maßgeblich von der jeweiligen Ausrichtung der Leitungsebene in den Einrichtungen geprägt. Hippler konstatierte jedoch, dass eine stringente hochschulübergreifende Organisationsstruktur wegen der unterschiedlichen Strategien der einzelnen Hochschulen weder notwendig noch zielführend sei.
4. Organisation einer Finanzierung nach 2020: Mit dem Ende der Mittel aus dem Bund-Länder-Programm Qualitätspakt Lehre (QPL) stellt sich für viele Einrichtungen die Frage, wie eine Finanzierung nach 2020 aussehen könnte. Es ist auch das Ziel der Politik, so Kaufmann, das Geld künftig im System zu behalten. Dabei sollen vor allem Fachhochschulen stärker in den Mittelpunkt gerückt und Gelder weiterhin durch Wettbewerb verteilt werden. Im Zusammenhang mit der Finanzierung stellt sich die Frage nach der Professionalisierung. Welche Reputationen sollen in Zukunft mit Stellen im SQ-Bereich verbunden sein?
5. Schlüsselqualifikationen sollen Gegenstand von Forschung sein: Um das bestehende SQ-Angebot zu professionalisieren und stärker vom Dienstleistungscharakter abzugrenzen, erscheint eine Begleitforschung – vor allem an universitären Einrichtungen – unumgänglich. Gleichzeitig stellt sich jedoch die Frage nach der strukturellen Organisation und Abgrenzung von Schlüsselqualifikationen im Lehrportfolio deutscher Hochschulen, was unweigerlich zur erstgenannten Position, einer genauen Begriffsbestimmung von Schlüsselqualifikationen, zurückführt.

An die Diskussion um zentrale oder dezentrale Organisationsformen von SQ-Einrichtungen schloss sich Andrea Frank, Leiterin des Zentrums für Lernen und Lehren der Universität Bielefeld, mit ihrem Vortrag „Integrative Vermittlung von Schlüsselkompetenzen – welche Aufgaben bleiben für zentrale Einrichtungen?“ an. Ausgehend von einer kritischen Reflexion zur Bologna-Reform zeigte sie am Beispiel der Entwicklungen in Bielefeld die Grenzen und Möglichkeiten einer zentral organisierten SQ-Einrichtung auf. Die Modularisierung, das heißt die Verankerung von SQ-Angeboten in den Studiengängen, wurde bisher als Chance gesehen, um Fachlehrende stärker auf die Notwendigkeit überfachlicher Kompetenzen aufmerksam zu machen. Laut Frank gehe damit jedoch gleichzeitig die Gefahr einher, dass Lehrende im Fach die Bedeutung ihrer Inhalte beschnitten sehen und eher ablehnend auf Schlüsselqualifikationen reagieren. Basierend auf ihren Erfahrungen als Gründerin des ersten Schreibzentrums an einer deutschen Hochschule riet sie, auf einen unscharfen Begriff wie Schlüsselqualifikationen zu verzichten und stattdessen stärker zwischen inner- und überfachlich Lehrenden zu vermitteln: Dies zeigt sich in ihrem Anspruch, gemeinsam mit den Fachlehrenden implizites Wissen explizit zu machen und der Frage nachzugehen, wie Außenperspektiven genutzt werden können, um die Entwicklung der Fächer selbst zu unterstützen. Anhand von „Decoding the disciplines“ und „Writing enriched curriculum“ erläuterte Frank beispielhaft zwei Ansätze, die hierfür nutzbar gemacht werden können. Frank zufolge können SQ-Einrichtungen die Fächer auf vielfältige Weise ergänzen: Sie schaffen Räume und Strukturen für die Reflexion von Lehre, fördern den fachübergreifenden Austausch und nutzen ihre externe Position, um kritische Fragen zu stellen und Impulse zu setzen. Was das eigene Fach nicht leiste, könnten zentrale SQ-Einrichtungen auffangen, so Frank. Um dem schleppenden Verlauf der Institutionalisierung und einer Ablehnung von Seiten der Fachlehrenden entgegenzuwirken, sollten SQ-Angebote nicht nur für Studierende, sondern auch für wissenschaftliche Mitarbeiter*innen gemacht werden. Eine wissenschaftliche Überprüfung der Wirkung von SQ-Angeboten hält Frank dabei für wünschenswert, lehnt die Verortung von Begleitforschung in den Einrichtungen aufgrund von Zeit- und Geldmangel selbst jedoch entschieden ab.

Peter Wex, Bildungsforscher und Berater in Berlin, betrachtet die Entwicklung von Schlüsselqualifikationen an deutschen Hochschulen seit der Bologna-Reform skeptisch. In seinem Vortrag „Wege und Irrwege beim Erwerb von Schlüsselqualifikationen“ verwies er auf den Wissenschaftsrat als wichtigstes Beratungsgremium in Deutschland: Dieser konstatiert in seinen „Empfehlungen zur Qualitätsverbesserung von Lehre und Studium“ (2008, S. 78), dass es keine zuverlässigen Verfahren zur Kompetenzmessung gebe. Hiervon ausgehend formulierte Wex eine Ist-Analyse mit anschließender Kritik: Seines Erachtens lassen sich soziale und persönliche Kompetenzen – wenn überhaupt –

lediglich über Verlaufsstatistiken messen, was jedoch im Widerspruch zu den Vorgaben aktueller Modulhandbücher stehe. Laut Wex werden circa 80 Prozent aller Prüfungen im Studium durch eine schriftliche Klausur oder Hausarbeiten erbracht. Aus diesen Gründen plädierte er dafür, Projekte und Einrichtungen finanziell zu unterstützen, die einen Kompetenzzuwachs im Verlauf vermitteln und prüfen. Beispielhaft beschrieb er drei bereits bestehende Ansätze und beurteilte diese kritisch: Der erste Ansatz zeige sich in problem- oder forschungsorientierter Lehre, die an praktischen Fällen und mit konkretem Lehrmaterial den Anwendungsfall erprobt. Studierende würden so Kompetenzen wie lösungsorientiertes Arbeiten, Präsentationstechniken und Teamfähigkeit erlernen, die vom Lehrenden implizit geprüft werden könnten. Ein zweiter Ansatz bestehe im additiven Kompetenzerwerb, der im Bereich der allgemeinen Berufsorientierung zu verorten sei. Hier werde die soziale Kompetenz in einem oder mehreren fachaffinen Modulen festgestellt, wobei nicht die Prüfung von Studierenden, sondern deren Förderung und Stärkung im Vordergrund stehe. Der dritte von Wex beschriebene Ansatz sieht gemeinsame Curricula im Grundstudium vor, die fachübergreifend in mehrere Kompetenzbereiche unterteilt sind. Die Problematik dieses Ansatzes liege zum einen in der Abschlussarbeit, die meist am Ende einer solchen Kompetenzvermittlung die Entwicklung der Studierenden abbilden soll, zum anderen in der unklaren Begriffsdefinition von Schlüsselqualifikationen. An Wex' Vortrag schloss sich die kritische Frage an, ob die vorgestellten Methoden nicht grundsätzlich fragwürdig seien: Dürfen Lehrende ein dynamisches Konstrukt wie Kompetenz oder Persönlichkeitsentwicklung bei Studierenden überhaupt einschätzen und bewerten?

Die unklare Begriffsdefinition von Schlüsselqualifikationen nahm Julika Griem in ihrer Keynote „Welcher Schlüssel, welches Schloss? Chancen, Risiken und Nebenwirkungen eines zentralen Reformkonzepts" erneut auf. Mit einer Recherche an deutschen Hochschulen bestätigte sie das bereits diskutierte Bild vom Eigensinn der bestehenden Angebote. Als weiteres Ergebnis präsentierte sie, dass der Begriff Schlüsselqualifikation in deutschsprachiger Literatur bestenfalls in allgemeinen Ratgebern auftauche, nicht aber im Kontext wissenschaftlicher Publikationen. Mit Blick auf ihre Funktion als Vizepräsidentin der wichtigsten Forschungsförderungseinrichtung Deutschlands beleuchtete Griem auch die bestehenden Angebote der DFG in diesem Bereich und erläuterte mögliche Finanzierungs- und Professionalisierungsmodelle. Der kritischen Frage, ob die DFG als fördernder Verein überhaupt Interesse an Schlüsselqualifikationen habe, begegnete Griem mit folgender Aussage: Zwar arbeite die DFG grundsätzlich innerhalb disziplinärer Fachressorts, eine derartige Verortung von SQ-Themen sei aber zu diskutieren. Eine Professionalisierung dieser Art zeige sich bereits in der Einrichtung einer SQ-Professur an der Hochschule für Angewandte Wissenschaften in München. Um Ziele wie diese weiterzuverfolgen, müssten disparate, wahllos kombinierte Angebote kritisch analysiert und die Begleitforschung zu Schlüsselqualifikationen ausgeweitet werden. Mit der Verbreitung von SQ-Angeboten an deutschen Hochschulen sei auch ein Arbeitsmarkt mit neuen Perspektiven entstanden, nicht ausschließlich für Absolvent*innen, sondern bereits für Studierende, die im Rahmen von Hilfskraftstellen eine umfassende Ausbildung als SQ-Tutor*in erhalten. Eine besondere Rolle spricht Griem dabei den Geistes- und Sozialwissenschaften zu, da SQ-Expert*innen meist aus diesen disziplinären Herkunftsfeldern rekrutiert werden.

Die Kontroversen des Plenartages zeigen, wie vielfältig das Verständnis von Schlüsselqualifikationen ist und welche Spannungsfelder sich daraus für den Anspruch der Professionalisierung ergeben. Konsensfähig erscheint jedoch die Forderung nach einer wissenschaftlichen Fundierung von Schlüsselqualifikationen durch Begleitforschung und der Wunsch nach einem einheitlichen Verständnis des SQ-Begriffs sowie einem dem akademischen Niveau angemessenen Hochschulangebot. Die Ergebnisse vom 5. Oktober bildeten den Ausgangspunkt für die vertiefende Diskussion am zweiten Tagungstag. Die Oberthemen der Panels orientierten sich hierbei maßgeblich an den Aufgabenbereichen der einzelnen Kompetenzlabore des HOC: Neben Lernprozessen, Methodenausbildung, Schreibforschung und -didaktik stand auch die Gesundheitsförderung von Studierenden im Hochschultext zur Debatte. Die dort diskutierten Themen erscheinen jeweils in einer eigenen Publikation innerhalb dieser Reihe.

Literatur

Wissenschaftsrat (2008): Empfehlungen zur Qualitätsverbesserung von Lehre und Studium. Online verfügbar unter www.wissenschaftsrat.de/download/archiv/8639-08.pdf?__blob=publicationFile&v=2 (letzter Abruf am 22.03.2020).

Woisch, Andreas/Willige, Janka (2015): Internationale Mobilität im Studium 2015. Ergebnisse der fünften Befragung deutscher Studierender zur studienbezogenen Auslandsmobilität. Online verfügbar unter www.daad.de/medien/der-daad/analysen-studien/daad_dzhw_internationale_mobilit%C3%A4t_im_studium_2015.pdf (letzter Abruf am 22.03.2020).

Zimmermann, Julia/Hutteman, Roos/Nestler, Steffen/Neyer, Franz J./Back, Mitja (2015): Und wenn sie zurückkommen, sind sie plötzlich erwachsen…?! Auslandserfahrungen als Kontext der Persönlichkeitsentwicklung. In: Fachstelle für Internationale Jugendarbeit der Bundesrepublik Deutschland e.V. (Hg.): Forum Jugendarbeit International 2013–2015. Bonn: DCM, S. 203–213.

3 Die Erkundung des Schlüsselqualifikationsuniversums – Hintergrund und Ziele der Studie

3.1 Lost in Space? Der Begriff der Schlüsselqualifikationen im vorliegenden Kontext

Wie untersucht man einen Bereich akademischer Bildung, der sich nicht zuletzt dadurch auszeichnet, dass zentrale Begriffe häufig weder eindeutig definiert noch einheitlich verwendet werden, sodass der Gegenstandsbereich selbst damit nur schwer klar zu umreißen ist (vgl. dazu In der Smitten/Jäger 2010, S. 3, sowie bereits Beck 1993, S. 13)?

Genau das ist – um eines der Ergebnisse der vorliegenden Studie bereits an dieser Stelle zu benennen – im sogenannten Schlüsselqualifikationsbereich an deutschen Universitäten der Fall. Für Studienangebote, die nicht dem kernfachlichen Bereich zugeordnet werden, existieren mannigfaltige Begriffe. Sowohl in den Selbstbeschreibungen der Anbietenden – zum Beispiel in den Beschreibungstexten und Kursprogrammen auf deren Websites – sowie in Fremdbeschreibungen – etwa in bildungspolitischen Papieren oder in wissenschaftlichen Publikationen über den Schlüsselqualifikationsbereich – finden sich zahlreiche Bezeichnungen. Neben Schlüsselqualifikationen findet sich genauso der Begriff der Schlüsselkompetenzen, der überfachlichen oder außerfachlichen Kompetenzen, der Study Skills, der generischen Kompetenzen, der Enabling Skills und so weiter. Diese werden wiederum an den unterschiedlichen Universitäten unter verschiedenen Begriffen in den Curricula verankert – wie etwa Optionalbereich, Wahlpflichtbereich, General Studies, Zusatzqualifikationen, individuelle Ergänzung oder eben auch unter dem Begriff der Schlüsselqualifikationen oder überfachlichen Qualifikationen, um nur einige Beispiele zu nennen.

Ohne hier den Anspruch auf tagesaktuelle Vollständigkeit erheben zu können, veranschaulicht Abbildung 1 das entsprechende Begriffsuniversum.

Abbildung 1: Begriffsuniversum ‚Schlüsselqualifikationen'

Bei dem Begriffsuniversum, das hier als Metapher für die Begriffsvielfalt dient, liegt der Gedanke an das von George Herbert Mead als solches bezeichnete Diskursuniversum nicht fern. Bei Mead steht der Begriff des Diskursuniversums für einen gemeinsamen Bezugsrahmen an Gesten und (begrifflichen) Symbolen, der für alle Angehörigen einer bestimmten Gruppe verbindlich ist und als selbstverständlich gilt (vgl. Mead 1967, S. 89 f.). Dies ist hier allerdings nicht gemeint beziehungsweise nicht der Fall: Zwar existiert für die Akteursgruppe der SQ-Anbieter durchaus ein Diskursuniversum, das heißt innerhalb dieser Gruppe bestehen geteilte Bedeutungen über bestimmte Begriffe. Dazu gehören beispielsweise zahlreiche Begriffe aus der Universitätsorganisation und -administration, wie etwa der Begriff der Modulhandbücher, der ECTS-Punkte, der Leistungsverbuchung, der Zentralen oder der Dezentralen und so weiter. Auch bestimmte theoretische Konzepte, bildungspolitische Dokumente und Lehr-Lern-Formen gehören zum selbstverständlichen Bedeutungskanon. Umso interessanter ist es, dass gerade hinsichtlich des Kerngegenstands der eigenen Arbeit zahlreiche Begriffe, inhaltliche Ausrichtungen und Konzepte nebeneinanderstehen und somit gerade nicht als Teil eines gemeinsamen Diskursuniversums betrachtet werden können (vgl. dazu auch die Ergebnisse in Kapitel 5).

Erstmals einen empirischen Überblick über das zu liefern, was an deutschen Universitäten unter einer ganzen Reihe von Begrifflichkeiten angeboten wird und darzustellen, wie diese Angebote strukturell verankert sind, war also eine – und wie sich im Projektverlauf schnell herausstellte wohl die größte – Herausforderung der vorliegenden Studie.

Um weitere Unschärfen zu vermeiden und selbst nicht unbegründet die Tiefen des Begriffsuniversums zu erweitern, soll daher bereits an dieser Stelle die im vorliegenden Band verwendete Terminologie erläutert werden: Als Schlüsselqualifikationen werden im Folgenden sämtliche Studienangebote bezeichnet, die nicht – oder zumindest nicht ausschließlich – dem kernfachlichen Bereich zugerechnet sind.

Auch wenn mit Qualifikationen – im Unterschied zu Kompetenzen – in der Regel eher Aspekte des Zweckbezugs und der formalen Zertifizierung in einer bestimmten Situation hervorgehoben werden (vgl. Brinker 2015, S. 91; In der Smitten/Jäger 2010, S. 3 f.) und insbesondere in der empirischen Bildungsforschung der ‚Kompetenzstreit' zwischen den Begrifflichkeiten zugunsten des Kompetenzbegriffs entschieden zu sein scheint (vgl. dazu die Beiträge in Pfadenhauer/Kunz 2012), fiel hier die Wahl auf den Begriff der Schlüsselqualifikationen. Dieser nimmt seit den 1970ern eine zentrale Rolle in der deutschen Debatte um fachübergreifende Bildung ein, noch mehr: Die Debatte wurde mit der Einführung des SQ-Begriffs durch Dieter Mertens (1974) überhaupt erst in der Breite angestoßen beziehungsweise als solche erkennbar. Zudem wird der Begriff nach wie vor verwendet und ist namengebend für viele Einrichtungen und Netzwerke – wie etwa SQ-Zentren oder SQ-Einrichtungen – und kann somit als allgemein bekannt und anschlussfähig gelten.

Die im hiesigen Kontext vorgenommene Festlegung auf den Begriff der Schlüsselqualifikationen zum einen sowie die Festlegung auf ein weites Verständnis von Schlüsselqualifikationen, das alle Studienangebote umfasst, die nicht (ausschließlich) dem kernfachlichen Bereich zugerechnet werden, sind also keiner bildungstheoretischen, sondern einer methodologischen Begründung geschuldet:[4] Zum einen wurde damit ein Begriff gewählt, der gleichermaßen im bildungspolitischen wie auch im bildungstheoretischen Diskurs und in der akademischen Bildungspraxis als etabliert gelten kann. Damit war zu erwarten, dass er von den Angehörigen aus dem Bereich, der im Rahmen der Studie untersucht werden sollte, verstanden würde. Gleichzeitig schien der Begriff gerade in seiner Diffusität hilfreich, um ein Feld zu explorieren, zu dem bis dato noch kaum empirische Erkenntnisse vorlagen.

Schließlich rückten wir durch die Maßgabe, hier all jenes als Schlüsselqualifikation (in der weitesten Begriffsauslegung) zu werten, was an Universitäten in Deutschland als solches bezeichnet wird, die Begriffsverwendungen und Begriffsauslegungen des untersuchten Feldes in den Vordergrund.

4 Methodologie wird hier verstanden als eine Art Scharnier, die Erkenntnis- und Wissenschaftstheorien einerseits (also theoretische Annahmen über den zu erforschenden Bereich und über Möglichkeiten der Erkenntniserzeugung insgesamt) mit praktischen Verfahren andererseits (also Erhebungs- und Auswertungsmethoden) verbindet und darüber in einen gemeinsamen Begründungszusammenhang stellt (vgl. Strübing/Schnettler 2004, S. 9).

In theoretischer Hinsicht findet damit das in den Sozialwissenschaften als solches formulierte interpretative Paradigma (Wilson 1973) und das von Peter L. Berger und Thomas Luckmann entwickelte Konzept der sozialen Konstruktion von Wirklichkeit (2007) auf Schlüsselqualifikationen Anwendung: Wir gehen davon aus, dass zunächst einmal all jenes als Schlüsselqualifikation zu gelten hat, was von denjenigen als Schlüsselqualifikation klassifiziert wird, die dezidiert als solche ausgewiesene Veranstaltungen anbieten.

3.2 Big Bang Bologna – die jüngere Debatte um Schlüsselqualifikationen und verwandte Konzepte

Wie bereits im vorhergehenden Abschnitt ausgeführt wurde: Lang und vielfältig ist die Liste an Begriffen für all jenes, von dem angenommen wird, dass es zusätzlich zu rein fachspezifischem Wissen notwendig ist, um im beruflichen und privaten Alltag handlungsfähig zu sein. Was genau dieses Etwas ist (Qualifikation, Kompetenz, Fähigkeit etc.), zur Erreichung welch spezifischer Ziele es dienen soll (Persönlichkeitsbildung, Employability, Übernahme gesellschaftlicher Verantwortung etc.), welcher Stellenwert ihm in der universitären Bildung zukommen sollte, wie es in Studiencurricula zu verankern ist (additiv, integriert, mit welchen Anteilen etc.) und von welchem Personal es vermittelt werden sollte (von Dozierenden sämtlicher Studiengänge, Spezialisten auf dem Gebiet der überfachlichen Lehre oder Dozierenden-Tandems aus dem fachlichen und überfachlichen Bereich): Darüber lässt sich trefflich streiten – und das nicht erst seit gestern.

Bereits 1974 wollte Dieter Mertens – seinerzeit Leiter des Instituts für Arbeitsmarkt- und Berufsforschung der Bundesanstalt für Arbeit – in seinen „Thesen zur Schulung für eine moderne Gesellschaft“ Schlüsselqualifikationen als „übergeordnete Bildungsziele und Bildungselemente“ (Mertens 1974, S. 36) verstanden wissen und machte damit den Begriff in der Debatte um Bildungsziele populär.[5] Für ihn bedeutete Bildung „hier vor allem Befähigung zur Pro-

5 Der Begriff der Schlüsselqualifikationen wurde zwar bereits zuvor verwendet, aber erst mit Mertens Veröffentlichung wird er breit rezipiert. Der Autor selbst weist darauf hin, dass seinem Beitrag eine Studie für den Europarat zugrunde liegt und ein entsprechender Vortrag von ihm bereits 1972 auf der 3. World Future Research Conference in Bukarest vorgetragen wurde (vgl. Mertens 1974, S. 36). An anderer Stelle wird darauf verwiesen, dass der Begriff erstmals 1961 in einem Gutachten der ehemaligen „Zentralstelle zur Erforschung und Förderung der Berufsausbildung“ zum Thema „Automatisierung und Berufsbildung“ genannt wird (vgl. Becker 1991a, S. 88). Darin wurde er als Überbegriff für Eigenschaften und Fähigkeiten wie Zuverlässigkeit, Konzentrationsfähigkeit, Verantwortungsbereitschaft etc. verwendet.

blembewältigung“ (Mertens 1974, S. 40) und unter Schlüsselqualifikationen verstand er „solche Kenntnisse, Fähigkeiten und Fertigkeiten, welche nicht unmittelbar begrenzten Bezug zu bestimmten disparaten praktischen Tätigkeiten erbringen, sondern vielmehr

a) die Eignung für eine große Zahl von Positionen und Funktionen als alternative Optionen zum gleichen Zeitpunkt, und
b) die Eignung für die Bewältigung einer Sequenz von (meist unvorhersehbaren) Änderungen und Anforderungen im Laufe des Lebens“ (ebd.).

Mertens Konzept von Schlüsselqualifikationen steht damit unter anderem in einer bildungsökonomischen Tradition (vgl. Beck 2007, S. 35; Orth 1999, S. 3 ff.) und sucht nach der Antwort auf die nach wie vor aktuelle Frage, welche Qualifikationen Arbeitstätige eigentlich benötigen, wenn Anforderungen des Arbeitsmarkts nicht (mehr) eindeutig und prognostizierbar sind und was dies wiederum für Ausbildungskonzepte bedeutet.

Es würde an dieser Stelle zu weit führen, weitere – bis ins 18. Jahrhundert reichende Traditionslinien – zu erläutern, in denen die Debatte um Schlüsselqualifikationen steht (vgl. dazu Becker 1991a; Becker 1991b; Echterhoff 2014; Mugabushaka 2005; Orth 1999; Schaper 2012). Auch das detaillierte Nachzeichnen der breiten wie kontroversen Diskussion, die sich um den Begriff in den Folgejahrzehnten nach Mertens Veröffentlichung vor allem in der Berufspädagogik entwickelt hat, soll hier nicht geleistet werden (vgl. dazu Arnold/Müller 2006; Beck 2007; Graichen 2002).

Zum Verständnis des SQ-Bereichs an deutschen Universitäten wie er sich aktuell darstellt, lohnt sich allerdings ein etwas genauerer Blick auf die Entwicklung der letzten rund 20 Jahre, in denen die Debatte um Schlüsselqualifikationen nunmehr vom Bereich der beruflichen auf den der akademischen Bildung übertragen wird. Wie so oft lässt sich *die eine* Erklärung für einen solchen Transferprozess nicht finden – zu komplex verläuft die Etablierung bestimmter Begriffe und Begriffsbedeutungen im Rahmen von Bildungskonjunkturen, um sie mit einem monokausalen Ansatz erschöpfend fassen zu können. Nichtsdestotrotz lassen sich Einflussfaktoren beziehungsweise begünstigende Rahmenbedingungen ausmachen und so dürfte es in diesem Fall der Bologna-Prozess gewesen sein, der für das neuerliche Entflammen der Debatte um Schlüsselqualifikationen in den 2000er Jahren und die Zuschreibung bestimmter Funktionen von Schlüsselqualifikationen für die akademische Bildung von besonderer Bedeutung war. Vorausgegangen waren dem Prozess, der vor rund 20 Jahren mit der gemeinsamen Unterzeichnung der Bologna-Deklaration durch die europäischen Bildungsminister*innen am 19.06.1999 verbindlich in Gang gesetzt wurde, bereits zwei Papiere, mit denen die verstärkte Zusammenarbeit und gegenseitige Anerkennung von Bildungsleistungen im Hochschulbereich gefördert beziehungsweise gefordert wurde: die Lissabon-Konvention von 1997 (vgl. Bundesministerium der Justiz und für Verbraucherschutz 2007) und die Sorbonne-Erklärung aus dem Jahr 1998 (vgl. Sorbonne-Erklärung 1998). Während in diesen beiden Dokumenten sehr allgemein (Hochschul-)Bildung als Menschenrecht und als ein für sich genommen wichtiges Gut proklamiert wurde,[6] wird mit der Bologna-Deklaration ein klarer Bezug zur ökonomischen Dimension von Hochschulbildung hergestellt. Ziel der Reformbemühungen solle es sein, „die arbeitsmarktrelevanten Qualifikationen der europäischen Bürger ebenso wie die internationale Wettbewerbsfähigkeit des europäischen Hochschulsystems zu fördern" (Bologna-Deklaration 1999, o.S.).

Im Zuge der dadurch initiierten Hochschulreform hielt nun auch der Begriff der Schlüsselqualifikationen erkennbaren Einzug in die Debatte. Auch wenn Schlüsselqualifikationen als solche in der Bologna-Deklaration nicht erwähnt werden (vgl. Kohler 2004, S. 5), wurden sie doch als wichtiges Mittel zur Erreichung der genannten Ziele erachtet und damit sozusagen unter der Hand in den Bologna-Diskurs eingeführt. Für die Entwicklung von Studienangeboten in Deutschland formulierte etwa der Wissenschaftsrat folgende Empfehlungen:

> „Ziel eines Studiums ist die intellektuelle Bildung durch Wissenschaft, die wissenschaftlich basierte Beschäftigungsfähigkeit und die Persönlichkeitsentwicklung der Studierenden und Absolventen. Das Bewußtsein für gesellschaftliche Probleme sollte ebenso Berücksichtigung finden wie die wissenschaftliche Entwicklung in einem Fach. Der Wandel der Arbeitsorganisation und -inhalte stellt zudem neue Anforderungen an Wissen und Kompetenzen der Beschäftigten. Die wissenschaftlich basierte Beschäftigungsfähigkeit umfaßt ein Qualifikationsprofil, das von den Erwartungen auf dem Arbeitsmarkt mitbestimmt wird und Wissenschaftlichkeit als Arbeitsweise integriert. Neben den fachlichen Qualifikationen werden zunehmend transferfähige und überfachliche Kompetenzen nachgefragt. Die Vermittlung von inter- und transdisziplinären Fähigkeiten und von Schlüsselqualifikationen erhält angesichts der Auflösung von festen beruflichen Typisierungen und der Verände-

6 Zu Beginn der Lissabon-Konvention heißt es, diese sei formuliert unter anderem „in dem Bewusstsein, dass das Recht auf Bildung ein Menschenrecht ist und dass die Hochschulbildung, die dem Streben nach Wissen und der Förderung des Wissens dient, sowohl für den Einzelnen als auch für die Gesellschaft ein außergewöhnlich wertvolles kulturelles und wissenschaftliches Gut darstellt" (Lissabon-Konvention, zitiert aus dem Bundesgesetzblatt 2007/Teil II Nr. 15: 713 des Bundesministeriums der Justiz und für Verbraucherschutz). In der Sorbonne-Erklärung wird angemahnt, dass man nicht vergessen solle, „daß Europa nicht nur das Europa der Banken und der Wirtschaft ist; es muß auch ein Europa des Wissens sein. Wir müssen auf die intellektuellen, kulturellen, sozialen und technischen Dimensionen unseres Kontinents bauen und sie stärken" (Sorbonne-Erklärung 1998, o.S.).

rungen fachlicher Qualifikationsanforderungen eine besondere Bedeutung für die Gestaltung der neuen Studienangebote" (Wissenschaftsrat 2000, S. 21).

Interessant an diesen ersten Empfehlungen ist nicht nur die explizite Betonung der Relevanz von Schlüsselqualifikationen. Bemerkenswert ist auch, dass zu diesem Zeitpunkt eine zumindest tendenziell noch losere Kopplung zwischen Schlüsselqualifikationen und Beschäftigungsfähigkeit hergestellt wird und es nicht ausgeschlossen scheint, dass über sie auch ein Beitrag zur intellektuellen Bildung und Persönlichkeitsentwicklung geleistet wird. Dass die Funktionalität von Schlüsselqualifikationen nicht auf Beschäftigungsfähigkeit beschränkt sein muss, zeigt sich auch in der Arbeit von Helen Orth (1999). Sie zeichnet den Diskurs um Schlüsselqualifikationen mit Positionen von Akteuren aus Wissenschaft, Wirtschaft und Politik nach und formuliert schließlich in Erweiterung einer Definition der Bildungskommission Nordrhein-Westfalen folgende Definition: „Schlüsselqualifikationen sind erwerbbare allgemeine Fähigkeiten, Einstellungen, Strategien und Wissenselemente, die bei der Lösung von Problemen und beim Erwerb neuer Kompetenzen in möglichst vielen Inhaltsbereichen von Nutzen sind, so daß eine Handlungsfähigkeit entsteht, die es ermöglicht, sowohl individuellen als auch gesellschaftlichen Anforderungen gerecht zu werden" (Orth 1999, S. 107).

Ein sehr ähnliches Verständnis – allerdings belegt mit dem Begriff der Schlüsselkompetenzen – wird von der Organisation für wirtschaftliche Zusammenarbeit und Entwicklung (Organisation for Economic Cooperation and Development, OECD) vertreten: In der Zusammenfassung über die „Definition und Auswahl von Schlüsselkompetenzen" (OECD 2005)[7] werden Kompetenzen als Verbindung von „Wissen, Fertigkeiten, Einstellungen und Wertvorstellungen" (ebd., S. 6) definiert und Schlüsselkompetenzen wiederum als jene Kompetenzen „von besonderem Wert, die in mehreren Lebensbereichen hilfreich sind und über die alle verfügen sollen" (ebd., S. 9). Damit schließt die OECD an den (Schlüssel-)Kompetenzbegriff von Franz E. Weinert (2001) an, der „mit seinem Beitrag zum DeSeCo Projekt den Kompetenzbegriff massgeblich geprägt [hat]" (Rychen 2008, S. 16). Auch hier werden Schlüsselkompetenzen als Notwendigkeit für die Erreichung individueller und gesellschaftlicher Erfolge erachtet. Dabei werden ökonomische Produktivität und Erwerbstätigkeit auch als Ziele benannt, stehen aber gleichberechtigt neben Zielen wie soziale Kohä-

7 Die Zusammenfassung ist eines der Produkte, die aus dem Projekt DeSeCo (Definition and Selection of Competencies) hervorgingen, das 1997 von der OECD ins Leben gerufen wurde. Unter schweizerischer Leitung und in Verbindung mit PISA sollte in einem mehrjährigen Projekt ein wissenschaftsgestützter und politisch relevanter, konzeptueller Rahmen für die Bestimmung von Schlüsselkompetenzen entwickelt werden (vgl. OECD 2005, S. 7, sowie die Beiträge in Rychen/Salganik 2001 und Rychen/Salganik 2003).

sion, Gleichheit und Wahrung von Menschenrechten, ökologische Nachhaltigkeit, Gesundheit sowie die Eingebundenheit in soziale Netze und das politische Geschehen. Auch im europäischen Referenzrahmen zu Schlüsselkompetenzen werden Kompetenzen definiert „als eine Kombination aus Wissen, Fähigkeiten und Einstellungen, die an den jeweiligen Kontext angepasst sind. Schlüsselkompetenzen sind diejenigen Kompetenzen, die alle Menschen für ihre persönliche Entfaltung, soziale Integration, Bürgersinn und Beschäftigung benötigen" (Europäische Kommission 2007, S. 3).

Ungeachtet dieses in den internationalen Verlautbarungen vertretenen Verständnisses von Schlüsselkompetenzen wird im deutschsprachigen hochschulpolitischen Diskurs Anfang der 2000er Jahre vor allem die bildungsökonomische Relevanz von Schlüsselqualifikationen betont und 2005 konstatiert Hildegard Schaeper: „Dabei ist in der aktuellen hochschulpolitischen Diskussion ebenso wie in der Berufsbildungsforschung und -politik der Stellenwert von Schlüsselkompetenzen weniger bildungstheoretisch, sondern eher funktional begründet und eng mit der Debatte um ‚employability' verknüpft" (Schaeper 2005, S. 209).[8] Ganz in diesem Sinne wiederholt der Wissenschaftsrat in seinen „Empfehlungen zur künftigen Rolle der Universitäten im Wissenschaftssystem" im Jahr 2006 zwar die Bedeutung von Schlüsselqualifikationen, stellt sie aber deutlicher als zuvor in den Kontext der Beschäftigungsfähigkeit, indem er fordert: „Beschäftigungsbefähigung als Ziel des Studiums setzt eine solide fachliche Ausbildung voraus. Im Rahmen der Studienreform wird es darüber hinaus verstärkt Aufgabe der Universitäten sein, auch außerfachliche, sogenannte „Schlüsselqualifikationen" in die Curricula zu integrieren" (Wissenschaftsrat 2006, S. 61).

Auch in den ländergemeinsamen Strukturvorgaben für die Akkreditierung von Bachelor- und Masterstudiengängen der Kultusministerkonferenz (KMK) wird verlangt: „Als Studiengänge, die zu berufsqualifizierenden Abschlüssen führen, müssen die Bachelorstudiengänge wissenschaftliche Grundlagen, Methodenkompetenz und berufsfeldbezogene Qualifikationen entsprechend dem Profil der Hochschule und des Studiengangs vermitteln" (KMK 2010, S. 2).

Somit werden Kompetenzen und Qualifikationen, die dem SQ-Bereich zugeordnet werden können, auch hier vor allem als Beitrag zur Berufsbefähigung dargestellt.

Bei dieser engen Verknüpfung mit dem Thema der Beschäftigungsfähigkeit verwundert es kaum, dass nicht nur von Seiten der Wissenschaft, sondern auch von Wirtschaftsvereinigungen wie dem Deutschen Industrie- und Handelskammertag (2008 und 2015), der Bundesvereinigung der Deutschen Arbeitge-

8 Die Begriffe Schlüsselkompetenzen und Schlüsselqualifikationen werden in dem Beitrag von Schaeper äquivalent verwendet.

berverbände (2003 und 2008) oder dem wirtschaftsnahen Stifterverband für die deutsche Wissenschaft (2004) Positionspapiere zur Bedeutung von Schlüsselqualifikationen für die Beschäftigungsfähigkeit formuliert werden.

Kurzum: Der Bologna-Prozess wird in der deutschsprachigen Debatte zunächst zu einem Katalysator für den Übertrag des SQ-Begriffs von der beruflichen in die akademische Bildung und die Diskussion um Beschäftigungsfähigkeit als vorrangiges Reformziel – und damit einhergehend die Reduzierung des SQ-Bereichs als Mittel zu diesem Zweck – verstärkt sich im Lauf des Prozesses.[9] Diese Fokussierung scheint mittlerweile jedoch wieder in der Auflösung begriffen: In den aktuellsten Regeln des Akkreditierungsrates für die Akkreditierung von Studiengängen und für die Systemakkreditierung (vgl. Akkreditierungsrat 2013) – und damit dem zentralen Dokument für die Gestaltung von Studiengängen in Deutschland – stellt Beschäftigungsbefähigung nur einen von vier Bereichen dar, die bei der Studiengangsentwicklung berücksichtigt werden sollen. Demzufolge „orientiert sich [ein Studiengangskonzept] an Qualifikationszielen. Diese umfassen fachliche und überfachliche Aspekte und beziehen sich insbesondere auf die Bereiche

- wissenschaftliche oder künstlerische Befähigung,
- Befähigung, eine qualifizierte Erwerbstätigkeit aufzunehmen,
- Befähigung zum gesellschaftlichen Engagement
- und Persönlichkeitsentwicklung“ (Akkreditierungsrat 2013, S. 11).

Auch Konzepte zu den so genannten 21 Century Skills (vgl. Ananiadou/Claro 2009; Binkley et al. 2012), die als eine Fortführung und Entwicklung der Idee von Schlüsselkompetenzen verstanden werden können (vgl. Seidl i.E.), sind nicht auf eine reine Beschäftigungsfähigkeit ausgelegt. Im KSAVE-Modell[10] etwa werden „neben berufsrelevanten Kompetenzen [...] auch Kompetenzen aufgeführt, die gesellschaftliche Teilhabe ermöglichen und die bewusste eigene Lebensgestaltung unterstützen“ (ebd. o.S.).

---

9 Detlef Ufert nennt mit Verweis auf eine Arbeit von Schomburg/Teichler (2011) die Nachfolgekonferenzen im Rahmen der sogenannten Bologna-Follow-Up-Group als wichtige Einflussgrößen für diese Entwicklung. Insbesondere mit den Swansea-Empfehlungen von 2006 sei Employability als weiterer Schwerpunkt des Reformprozesses hervorgehoben worden (vgl. Ufert 2015, S. 11). Wir folgen hier Ufert insofern als wir ebenfalls in einigen frühen Dokumenten keine Vorrangstellung von Employability gegenüber anderen Bildungszielen sehen. Allerdings vertreten wir anders als Ufert die Auffassung, dass in der Bologna-Deklaration selbst sehr wohl bereits diese Betonung vorgenommen wird.

10 KSAVE steht als Akronym für Knowledge, Skills, Attitudes, Values und Ethics (vgl. Binkley et al. 2012).

Schließlich wird ein solch weites – im Vergleich zu dem Referenzrahmen aus dem Jahr 2007 sogar ausgeweitetes – Verständnis von Schlüsselkompetenzen auch weiterhin im überarbeiteten EU-Referenzrahmen von 2018 vertreten. Kompetenzen gelten auch hier „als eine Kombination aus Kenntnissen, Fertigkeiten und Einstellungen" (Europäischer Rat 2018, C 189/7) und Schlüsselkompetenzen als „diejenigen Kompetenzen, die alle Menschen für ihre persönliche Entfaltung und Entwicklung, Vermittelbarkeit, soziale Inklusion, eine nachhaltige Lebensweise, ein erfolgreiches Leben in friedlichen Gesellschaften, eine gesundheitsbewusste Lebensgestaltung und aktive Bürgerschaft benötigen" (ebd.).

Dieses weite Verständnis vom Sinn und Nutzen von Schlüsselqualifikationen beziehungsweise Schlüsselkompetenzen findet sich nicht zuletzt in Publikationen und Stellungnahmen derjenigen, die qua Zuständigkeit dem SQ-Bereich angehören und beispielsweise an den SQ-Einheiten tätig sind, die im Zuge der Bologna-Reformen innerhalb kurzer Zeit an Hochschulen und Universitäten eingerichtet wurden. So stellt etwa Detlef Ufert in dem von ihm herausgegebenen Band „Schlüsselkompetenzen im Hochschulstudium. Eine Orientierung für Lehrende" heraus, die Rolle von Schlüsselkompetenzen und fachübergreifenden Kompetenzen dürfe „nicht alleine auf die Berufsfähigkeit der Absolventen beschränkt werden, [sondern] die erworbenen Kompetenzen sollten Studierende in die Lage versetzen, auch im Studium, in der Gesellschaft und im privaten Bereich Strategien zu entwickeln, mit deren Hilfe heutige und zukünftige Probleme und Fragestellungen bewältigt werden können" (Ufert 2015, S. 8). Er fordert daher, Schlüsselkompetenzen auch mit Blick auf ihr Potenzial für Persönlichkeitsbildung und gesellschaftliches Engagement zu betrachten (vgl. ebd., S. 10). Damit ist er nicht allein, wie sich etwa an mehreren Beiträgen in dem Band „Bildung und Schlüsselqualifikationen. Zur Rolle der Schlüsselqualifikationen an den Universitäten" (Konnertz/Mühleisen 2016) zeigt, in denen von Vertreter*innen unterschiedlicher Universitäten ähnliche Forderungen gestellt beziehungsweise Potenziale aufgezeigt werden. Gerade mit dem überfachlichen Bereich sei „eine Struktur vorgegeben, die akademische Bildung ermöglicht" (Konnertz 2016, S. 21). Er biete einen Ort, „der für die Studierenden freier und selbstbestimmter sein kann [als der fachliche Bereich, Anm. d. Autorinnen], nicht zuletzt weil er notenfrei und nicht kompetitiv angelegt ist. Es treffen Studierende aus unterschiedlichsten Disziplinen und Fachkulturen, in unterschiedlichsten Semestern mit unterschiedlichsten Fragen in kleinen Gruppen aufeinander und arbeiten zusammen an den unterschiedlichsten Themen" (ebd.).

Auch Vereinigungen wie das „Forum SQ" (dem Zusammenschluss der SQ-Einrichtungen an baden-württembergischen Universitäten) und die „Gesellschaft für Schlüsselkompetenzen in Lehre, Forschung und Praxis e.V." argumentieren in ihren Leitbildern gegen eine „Engführung auf ‚employability' als alleinigem Qualitätssiegel der Schlüsselqualifikationen“[11] und wollen unter anderem „Raum für kritische Reflexion und für die Entwicklung sozialer und persönlicher Orientierung [...] bieten“[12].

3.3 Die Mission – Anliegen und Fragestellungen der Studie

Das Angebot von Angehörigen des SQ-Bereichs und die organisatorischen Formen, mit und in denen sie arbeiten, standen im Zentrum der Studie „Schlüsselqualifikationsangebote an deutschen Universitäten“, deren Ergebnisse mit diesem Band vorgelegt werden. Wie bereits erläutert ist es hier nicht Ziel, die Debatte um Schlüsselqualifikationen in ihrer Breite und Tiefe detailliert zu rekonstruieren. Genauso wenig soll der Versuch unternommen werden, theoriegeleitet oder normativ zu bestimmen, was Schlüsselqualifikationen denn nun ‚tatsächlich‘ sind oder sein sollen, worin der Unterschied zwischen Schlüsselqualifikationen und Schlüsselkompetenzen, fachübergreifenden Kompetenzen, generischen Kompetenzen und so weiter besteht. Die Diskussion dieser und ähnlicher Fragen ist noch längst nicht abgeschlossen und bleibt weiteren Publikationen der Reihe „Forschungsperspektive Schlüsselqualifikation“ vorbehalten, in deren Rahmen dieser Band erscheint (vgl. zum bisherigen Stand der Debatte grundlegend Echterhoff 2014 sowie In der Smitten/Jäger 2010; Orth 1999; Schaper 2012; Ufert 2015).

Das Augenmerk liegt hier vielmehr darauf, was sich empirisch zeigt, wenn man den SQ-Bereich an Universitäten in Deutschland untersucht – und zwar insbesondere dort, wo laut expliziter Zuständigkeit Schlüsselqualifikationen vermittelt werden, also an so genannten SQ-Zentren oder anderen Einheiten, deren Aufgabe (auch) in diesem Bereich liegt.

Für Ursula Konnertz zeigt sich die viel diskutierte Krise der Bildung auch im Verhältnis von Schlüsselqualifikationen zu Bildung und ist deshalb „nicht von den konkreten Praxen der überfachlichen Lehrangebote an den Universitäten zu trennen, nicht von den Orten, von Formaten und Strukturen und Inhalten, in denen sie zum Vorschein kommt“ (Konnertz 2016, S. 21). In diesem Sinne meinen wir, dass das, was Schlüsselqualifikationen sind und in welchem Verhältnis sie zu Bildungszielen wie Beschäftigungsfähigkeit, Persönlichkeitsentwicklung und gesellschaftlicher Verantwortungsübernahme stehen, nicht getrennt von den dafür Verantwortlichen mit ihren Angeboten und Strukturen

11 https://www.forum-sq.de/schluesselqualifikationen/sq-als-fachuebergreifende-qualifikationsziele/ (Stand vom 15.03.2020).

12 http://www.gesellschaft-fuer-schluesselkompetenzen.de/leitbild (Stand vom 15.03.2020).

betrachtet werden kann. Gerade diejenigen, die für SQ-Angebote an deutschen Universitäten verantwortlich sind, bestimmen durch ihre tägliche Arbeit (mit), was Schlüsselqualifikationen überhaupt sind. Indem sie sowohl die Befähigung (zum Beispiel durch entsprechende, vor allem akademische Qualifikationen) als auch die Bereitschaft (zum Beispiel ersichtlich anhand der bereitgestellten Angebote) und die Befugnis (zum Beispiel in Form der offiziellen Zuständigkeit an der Universität) haben, weisen sie eine professionelle Kompetenz auf.[13] Aus einer handlungstheoretisch-professionssoziologischen Perspektive liefern sie mit ihren Angeboten sozusagen „[d]as Problem zur Lösung" (Pfadenhauer 2005a, S. 12) beziehungsweise „[d]ie Definition des Problems aus der Verwaltung der Lösung" (ebd., S. 9) und wenden damit ein für professionelles Handeln charakteristisches Prinzip an (vgl. zur Diskussion um professionelles Handeln die Beiträge in Pfadenhauer 2005b).

Wer nun den Verdacht hegt, dass mit der Studie ein evaluativer Zweck verfolgt wird, indem Akteure, Angebote und Strukturen hinsichtlich ihrer Professionalität (im Sinne guter oder schlechter Qualität) beurteilt würden, muss enttäuscht beziehungsweise kann beruhigt werden. Dies war weder die Fragestellung der Untersuchung, noch könnte sie es aktuell sein: Um eine solche Beurteilung vornehmen zu können, müsste erst einmal grundlegend innerhalb des Feldes – idealerweise in einer „Ethnographie des professionellen Handelns" (Meuser 2005, S. 253) – ermittelt werden, was im SQ-Bereich als professionell gilt. Implizit sind solche Standards ganz sicher vorhanden; explizit und für alle Mitglieder der SQ-Community verbindlich existieren sie bisher nicht – ganz davon abgesehen, wie konkret solche Standards angesichts einer akademischen Bildungslandschaft überhaupt sein können, die nicht zuletzt von ihrer Heterogenität lebt. Damit ist erneut ein Desiderat benannt, zu dem weitere Autor*innen in der Reihe „Forschungsperspektive Schlüsselqualifikation" einen Beitrag leisten können. So liegt etwa für die Frage, inwiefern Forschung eine Voraussetzung professioneller Schreibdidaktik im SQ-Bereich darstellt, bereits ein entsprechender Band vor (vgl. Hirsch-Weber/Loesch/Scherer 2019).

In jedem Fall wäre es unseriös und anmaßend, ohne eine verbindliche Bewertungsgrundlage entsprechende Einschätzungen abzugeben. Davon so dezidiert Abstand zu nehmen, ist uns als Autorinnen aber nicht nur im Sinne einer wissenschaftlichen Aufrichtigkeit ein Anliegen, sondern auch hinsichtlich der forschungsethischen Leitlinie, auf die Unversehrtheit derjenigen zu achten, die man untersucht: Im Projektverlauf wurde mehrfach die Befürchtung an uns herangetragen, dass wir einzelne Einrichtungen bewerten, Good- und Bad-Practice-Labels vergeben oder gar ein Ranking einführen würden, durch das

13 Zu diesem Kompetenzverständnis in Anschluss an Odo Marquard vgl. Pfadenhauer 2005a sowie Pfadenhauer 2003.

man sich im Zweifel noch mehr legitimieren müsste, als es in einem von Verteilungswettbewerb gekennzeichneten Bereich ohnehin schon notwendig ist. Dass wir diese Rückmeldungen erhalten haben, hat uns gezeigt, welche belastenden Erfahrungen mitunter in ‚unserem' Feld gemacht werden und welche – teils auch existenziellen – Ängste mit den vielerorts prekären Beschäftigungsverhältnissen verbunden sind. An dieser Stelle möchten wir noch einmal ausdrücklich allen danken, die uns ihr Vertrauen gegeben haben und auskunftsbereit waren.

Anstelle einer Leistungsschau und eines Benchmarkings soll hier vielmehr eine erste, empirisch fundierte Wissensbasis zu Einheiten, Strukturen, Organisationsformen und Themen im SQ-Bereich geschaffen werden.[14] Dabei werden unter Schlüsselqualifikationsangeboten sämtliche Angebote verstanden, die nicht – oder zumindest nicht ausschließlich – dem kernfachlichen Bereich zugerechnet werden, wobei sich die vorliegende Studie auf die mit ECTS-Punkten creditierten Angebote konzentriert.

Gerade angesichts der hohen Dynamik, die in diesem Feld herrscht – nicht zuletzt befördert durch Initiativen wie den „Qualitätspakt Lehre", in dessen Rahmen in den letzten rund zehn Jahren viele neue Angebote und Strukturen geschaffen wurden – soll hier ein möglichst aktueller Stand abgebildet und sozusagen das derzeitige ‚SQ-Universum' exploriert werden. Konkret sollen mit dem Band Antworten auf die folgenden Fragen gegeben werden:

- Wie viele SQ-anbietende Einheiten gibt es an deutschen Universitäten und wie sind diese strukturell verankert?
- Inwiefern werden SQ-Angebote mit ECTS-Punkten creditiert?
- Wer bietet mit ECTS-Punkten creditierte SQ-Veranstaltungen für welche Zielgruppe an?
- Welche Themen und Inhalte finden sich in den Programmen der Organisationseinheiten mit SQ-Bezug?
- Welche Typen von SQ-Anbietern gibt es?

Die mit der Beantwortung dieser Fragen bereitgestellten Erkenntnisse können zum einen dazu dienen, einen Ausschnitt von Universitäten als Organisationen – nämlich den SQ-Bereich – mit seinen Akteuren und Strukturen sichtbarer und transparenter zu machen. Damit werden nicht zuletzt auch erste Antworten auf die Frage geliefert, wie das durch die geschilderten bildungspolitischen Debatten beförderte Handlungsproblem, an Universitäten SQ-Angebote zu schaffen, in Deutschland derzeit typischerweise gelöst wird.

---

14 Zur präzisen Begriffsverwendung siehe auch das Glossar.

Zum anderen können die Erkenntnisse denjenigen, die sowohl mittelbar als auch unmittelbar mit akademischer SQ-Bildung befasst sind, einen Impuls zu Reflexion und Diskussion sowie zur Selbstverortung innerhalb der SQ-Community und in der eigenen Hochschule geben.

Nicht zuletzt können sie Verantwortlichen auf hochschulpolitischer Ebene sowie anderen Entscheidungsträger*innen hinsichtlich der thematischen Ausrichtung und strukturellen Verankerung von SQ-Angeboten Orientierung bieten.

3.4 Existierende Koordinaten – bisherige Arbeiten zum skizzierten Forschungsfeld

Bis dato lagen nur wenige systematisierende Betrachtungen zur organisatorisch-strukturellen Verfasstheit des SQ-Bereichs in Deutschland vor. Die für den Kontext der vorliegenden Studie relevanten Arbeiten werden im Folgenden skizziert.

Zunächst sind die beiden Studien zur fachübergreifenden Lehre – FÜL I aus dem Jahr 2000 und FÜL II aus dem Jahr 2009 (Robertson-von Trotha/Görisch/Koban 2009) – zu nennen. Während die vorliegende Untersuchung den Fokus auf die SQ-Einheiten und deren Angebote legt, wurden in FÜL I und FÜL II die Studiengänge in den Blick genommen. Es wurde untersucht, wie sich die Bedeutung und Umsetzung von fachübergreifenden Kompetenzen und Qualifikationen in ingenieur- und naturwissenschaftlichen Studiengängen technischer Universitäten und Hochschulen in Deutschland entwickelt haben. Im Ergebnis lässt sich festhalten, dass fachübergreifende Kompetenzen von den Studiengängen grundsätzlich als wichtig erachtet wurden. Als besonders wichtige Kompetenzen wurden Methodenkompetenzen, kommunikative Kompetenzen und personale Vermittlungsfähigkeit eingestuft (vgl. ebd., S. 140). Was die befragten Studiengänge unter fachübergreifender Lehre und Schlüsselqualifikationen aber tatsächlich verstehen, weicht in Definition und Vorstellung mitunter stark voneinander ab – „Wissens- und Kompetenzbereiche wurden miteinander vermischt und Unterschiedliches darunter verstanden" (ebd.). Die Autor*innen kommen zu dem Ergebnis, „dass Technische Universitäten zum Zeitpunkt der Studie keine hinreichend stringenten Gesamtkonzeptionen zu Inhalt und Vermittlung von fachübergreifender Lehre und Schlüsselqualifikationen hatten. Das Bewusstsein für einen steigenden Bedarf wurde jedoch sichtbar" (ebd., S. 141). Aufbauend auf diesen Ergebnissen wurde in der Studie FÜL II die Verankerung von Schlüsselqualifikationen in den jeweiligen Studienordnungen untersucht. Seinerzeit gaben 75 Prozent der befragten Studiengänge an, dass Schlüsselqualifikationen in ihrer Studienordnung verankert seien. Dabei lag der

„Anteil integrativer SQ […] etwas höher als der Anteil additiver SQ“ (ebd., S. 142).

Detlef Ufert nähert sich dem SQ-Bereich weniger empirisch als vielmehr konzeptionell: In seinem Sammelband „Schlüsselkompetenzen im Hochschulstudium“ (Ufert 2015) legt er ein Konzept für die Strukturierung des fachübergreifenden Schlüsselkompetenzstudiums vor. Die Systematisierung betrifft hierbei vor allem das Verhältnis des Fachstudiums zum fachübergreifenden Bereich und dabei nicht zuletzt in Bezug auf die Frage, wann und in welchem Umfang sich der überfachliche Bereich in das Studium integrieren lässt. Exemplarisch werden fünf Varianten skizziert, wobei der Autor anmerkt, dass diese lediglich grundsätzliche Möglichkeiten darstellten: „Die Reichweite derartiger Strukturen ist durchaus unterschiedlich, sie gelten zum Teil nur für einzelne Studiengänge, teilweise für Strukturen eines Fachbereichs, einer Fakultät, möglicherweise für eine Hochschule insgesamt“ (ebd., S. 17 f.). Er unterscheidet zwischen folgenden Varianten:

- Fachübergreifende Schlüsselkompetenzen sind in das Fachstudium integriert.
- Fachübergreifende Schlüsselkompetenzen werden in additiven Modulen mit geringem Umfang vermittelt (5–10 ECTS-Punkte; Charakter eines kleinen Nebenfachs).
- Fachübergreifende Schlüsselkompetenzen werden in additiven Modulen in maßgeblichem Umfang vermittelt (20 ECTS-Punkte).
- Das erste Semester ist fachübergreifend ausgerichtet, danach werden fachübergreifende Schlüsselkompetenzen in additiven Modulen vermittelt.
- Es gibt ein fachübergreifendes, methodenorientiertes Bachelor-Grundlagenstudium mit Schwerpunktbereichen (z. B. das Liberal-Art-Studium in den USA) (vgl. ebd.).

Ufert wirbt dafür, keine starren Curricula im Bereich der Schlüsselkompetenzen vorzugeben. Vielmehr solle den Studierenden der Freiraum gelassen werden, im Sinne ihrer persönlichen und arbeitsmarktbezogenen Profilbildung individuelle Schwerpunkte setzen zu können (vgl. ebd., S. 242). Für die Hochschulen erachtet er es als wichtig, den SQ-Bereich „weiter zu kategorisieren und zu strukturieren“, um eine „entsprechende curriculare und didaktische Umsetzung zu gewährleisten“ (ebd., S. 245).

Auch Susanne In der Smitten und Michael Jäger (2010) entwickeln in einer eher konzeptionellen Zusammenschau über den SQ-Bereich unter anderem unterschiedliche Varianten zu der Frage, wo Angebote zum fachübergreifenden Kompetenzerwerb in der Hochschulorganisation angesiedelt sein können. Unter der Überschrift „Organisation des Kompetenzerwerbs“ unterscheiden sie drei Zentralisierungsgrade und legen dar, inwiefern sich die jeweilige Organisationsform mit der integrativen beziehungsweise additiven Vermittlung von Schlüsselqualifikationen verbinden lässt. Sie unterscheiden zwischen einer föderalen, einer dezentralen und einer zentralen Organisationsform (vgl. In der Smitten/Jäger 2010, S. 11 ff.):

- Bei der föderalen Organisationform entscheiden dezentrale Lehreinheiten und Institute eigenständig über Umfang und Gestaltung des SQ-Angebots – entweder ausschließlich für die ‚eigenen' Studierenden oder auch geöffnet für Studierende der jeweils anderen Studiengänge.
- Bei einer dezentralen Organisationsweise liegt die Zuständigkeit ebenfalls bei den Lehreinheiten, wird jedoch um ein zentrales Element – wie beispielsweise eine Leitlinie oder Ordnung – ergänzt, durch das zum Beispiel Qualitätsstandards und Verantwortlichkeiten geregelt werden.
- Kernelement einer zentralen Organisationsweise ist eine „gesonderte Einrichtung mit eigenen Räumlichkeiten und eigenen Personalstellen" (ebd., S. 13). Für In der Smitten und Jäger trägt ein solches Zentrum dazu bei – sofern eine langfristige Planungssicherheit (auch hinsichtlich personeller und finanzieller Ausstattung) gewährleistet ist – „eine spezielle Expertise zur Förderung von Schlüsselkompetenzen zu entwickeln, die Angebotstransparenz zu erhöhen und eine einheitliche Definition von Qualitätsstandards durchzusetzen" (ebd.). Die Aufgaben und Zuständigkeiten eines solchen Zentrums lägen vor allem in der „Planung, Koordinierung, Evaluation und Weiterentwicklung der Schlüsselkompetenzvermittlung" (ebd.). Die Weiterentwicklung der Schlüsselkompetenzvermittlung könne auch beinhalten, dass die zentrale Einrichtung selbst Inhalte und Konzepte entwickelt, um ein überfachliches Angebot bereitzustellen. Von eigenem Lehrpersonal an diesen zentralen Einrichtungen scheinen In der Smitten und Jäger nicht auszugehen; vielmehr ist davon die Rede, dass das Zentrum Lehraufträge vergebe (vgl. ebd.).

Von den geschilderten Systematisierungsversuchen schließt die hier vorliegende Studie – auch hinsichtlich der Ergebnisse (vgl. Kapitel 5) – am deutlichsten an den zuletzt genannten Beitrag von In der Smitten und Jäger (2010) an und vertieft deren eher konzeptionelle Arbeit auf einer breiteren empirischen Basis.

Über die skizzierten Arbeiten hinaus liegt eine Vielzahl an Erfahrungsberichten und Ratgebern – insbesondere zu einzelnen Lehr-Lern-Formaten und zur Förderung bestimmter Kompetenzen – vor, die die Themenvielfalt im SQ-Bereich eindrücklich illustrieren. Solche Publikationen flossen allerdings nur sehr ausschnitthaft, ohne Anspruch auf Vollständigkeit und eher als Hintergrundwissen in die vorliegende Studie ein und werden daher hier nicht systematisch aufgeführt.

Schließlich existieren über den Studierendensurvey (Multrus et al. 2017) empirische Befunde zu der Frage, welche Schlüsselkompetenzen an Universitäten und Fachhochschulen während des Studiums gefördert werden – unabhängig von der Frage, wo sie im Curriculum verankert sind und von wem sie angeboten werden. Hier wird zwischen der Förderung überfachlicher und beruflicher Kompetenzen einerseits und der Förderungen allgemeiner Kompetenzen und Haltungen andererseits unterschieden. Bei der auf Selbstauskunft beruhenden Studie geben 80 Prozent der Studierenden an Universitäten an, teilweise oder stark im selbstständigen Lernen sowie bei der Aneignung von Kenntnissen wissenschaftlicher Methoden gefördert zu werden. Fachhochschulstudierende sehen sich vor allem bei der Ausbildung von Teamfähigkeit, beim fachübergreifenden Wissen, in praktischen Fähigkeiten und bei der Berufsvorbereitung gefördert. Sogenannte allgemeine Kompetenzen werden laut Einschätzung der Studierenden sowohl an Universitäten als auch an Fachhochschulen mehrheitlich gefördert. Insbesondere würden Autonomie und Problemlösefähigkeit, persönliche Entwicklung sowie Kritik- und Planungsfähigkeit gefördert. Deutlich weniger Gewicht läge auf der Bildung eines sozialen Verantwortungsbewusstseins sowie auf einer guten Allgemeinbildung (vgl. ebd., S. 17).

Darüber hinaus liegt lediglich für einen thematischen Bereich in ausgewählten Bundesländern – nämlich „Führungsverantwortung in der Hochschullehre. Zur Situation in den MINT-Fächern[15] und den Wirtschaftswissenschaften an Universitäten in Baden-Württemberg, Rheinland-Pfalz und Thüringen"– eine differenzierte empirische Untersuchung vor (Fregin et al. 2016). Basierend auf der Auswertung von Modulhandbüchern aus 619 Studiengängen sowie zwölf leitfadengestützten Expert*inneninterviews kommen die Autor*innen unter anderem zu dem Ergebnis, dass die Verankerung der Themen Führung, Ethik und Verantwortung „im Fachstudium der MINT-Fächer und der Wirtschaftswissenschaften [...] allenfalls als marginal bezeichnet werden [kann]" (ebd., S. 28), dass die Verankerung der Themen „von unterschiedlichen Akteuren in den Hochschulen in unterschiedlicher Weise als relevant erachtet und praktiziert [wird]" (ebd.) und dass „Führungsethik [...] derzeit ein Desiderat in der universitären Ausbildung der MINT-Fächer und Wirtschaftswissenschaften dar[stellt]" (ebd.).

Die vorliegende Studie schließt entsprechend an die bisherigen Arbeiten an und vertieft beziehungsweise verbreitert diese.

15 MINT steht als Akronym für Mathematik, Informatik, Naturwissenschaft und Technik.

4 Mit Mixed-Methods durch die Galaxie – Forschungsdesign und methodisches Vorgehen

4.1 Das Forschungsdesign im Überblick

Um die unterschiedlichen Akteure, Angebote und Strukturen von SQ-anbietenden Einrichtungen an deutschen Universitäten systematisch zu erfassen, wurde ein Mixed-Methods-Ansatz angewendet. Abbildung 2 stellt das Forschungsdesign zunächst im Überblick dar.

Dieses Forschungsdesign erlaubt es, quantitative und qualitative Ansätze dynamisch miteinander zu verbinden und somit dem Forschungsfeld angemessen zu begegnen (vgl. Kuckartz 2014, S. 95). Nach Creswell gibt es verschiedene Dimensionen welche es bei der Systematisierung des Mixed-Methods-Forschungsdesign zu reflektieren gilt: In welcher Reihenfolge die unterschiedlichen Erhebungsarten angewendet werden (Implementation), ob einer Erhebungsart Vorrang eingeräumt wird (Priorität), zu welchem Zeitpunkt sie zusammengeführt werden – bereits bei der Datenerhebung oder erst durch die Kombination der Ergebnisse (Integration) – und ob es einen impliziten oder expliziten theoretischen Rahmen gibt (Rolle der theoretischen Perspektive) (vgl. ebd., S. 66 nach Creswell et al. 2003, S. 218).

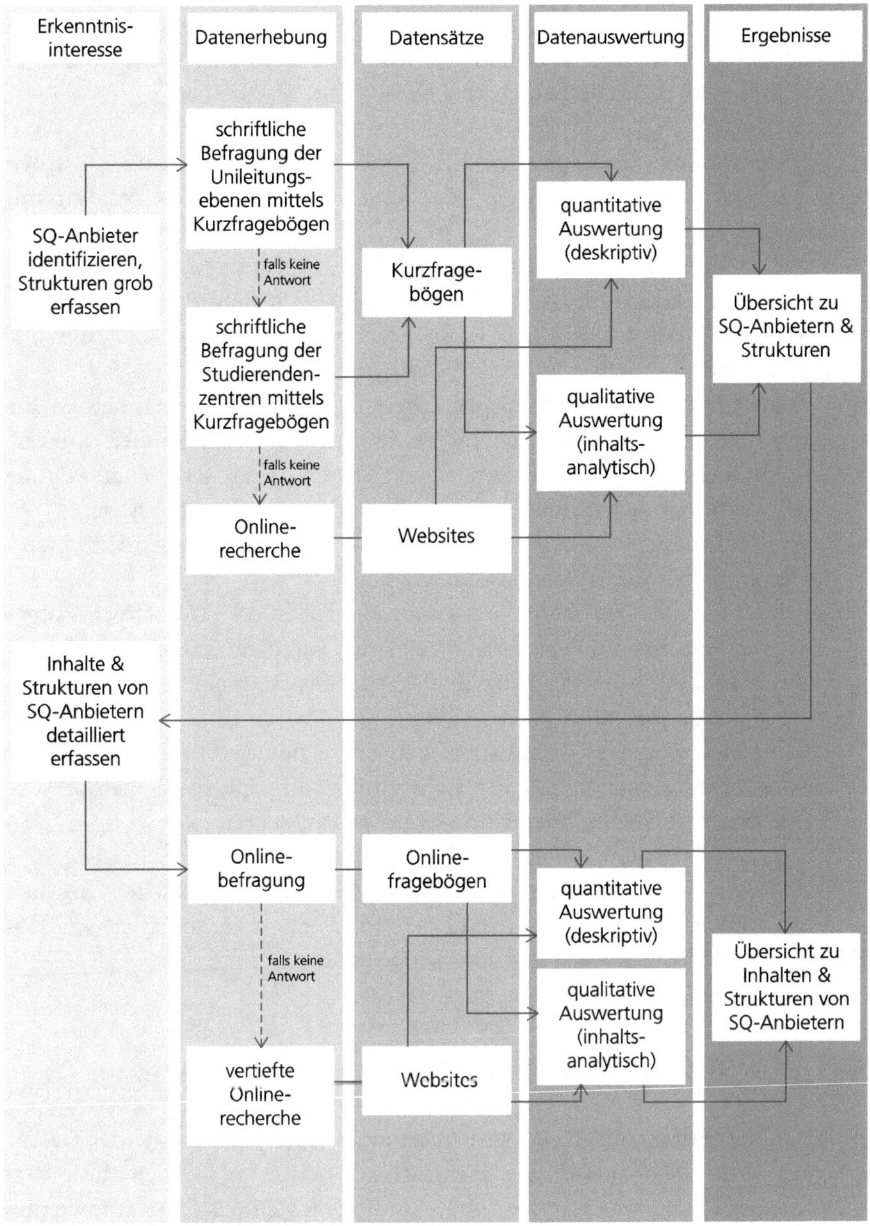

Abbildung 2: Forschungsdesign

Im Folgenden wird das methodische Vorgehen der vorliegenden Studie hinsichtlich der zu betrachtenden Dimensionen – Implementation, Priorität, Integration, Rolle der theoretischen Perspektive – näher beschrieben:

- *Implementation*: Die einzelnen Schritte der Datenerhebung wurden aufeinander aufbauend angelegt. Zunächst wurden mithilfe eines Kurzfragebogens die Anbieter von Schlüsselqualifikationen ermittelt. Die Ergebnisse dieser ersten Kurzbefragung bildeten das Sample für die darauffolgende Onlinebefragung, deren Kern es war, die Strukturen und Angebote der SQ-Anbieter zu erfassen. Diese Erkenntnisse lieferten wiederum die Struktur für die inhaltsanalytische Auswertung der Websites.
- *Integration*: Die Integration erfolgte bereits bei der Erhebung, bei der die qualitativen und quantitativen Elemente miteinander verbunden wurden. Die Onlinebefragung beinhaltete offene Fragen, qualitative Daten wie die Veranstaltungsbeschreibungen wurden quantifizierend ausgewertet.
- *Priorität:* Die Ergebnisse der verschiedenen Erhebungsarten wurden miteinander kombiniert und gleichwertig behandelt.
- *Rolle der Theorie*: Die Studie insgesamt fußte auf einem explorativen Vorgehen, bei dem im Sinne des interpretativen Paradigmas und eines handlungstheoretisch-professionssoziologischen Verständnisses davon ausgegangen wurde, dass all jenes als Schlüsselqualifikation zu gelten hat, was von den für diesen Bereich Verantwortlichen als solches klassifiziert wird. Dieser theoretische Rahmen bestimmte mehr implizit als explizit das methodische Vorgehen, eine Theorieüberprüfung wurde nicht angestrebt.

Der Logik des Forschungsprozesses folgend war das methodische Vorgehen somit nicht etwa linear, sondern stark prozessorientiert ausgerichtet (vgl. Kuckartz 2014, S. 59).

4.2 Schritte der Datenerhebung und -auswertung

Aufgrund der erläuterten Prozessorientierung, bei der sich Schritte der Datenerhebung und Datenauswertung mehrfach abwechselten, werden diese hier nicht nacheinander, sondern der Logik von Mixed-Methods folgend integrativ dargestellt.

In die erste Erhebungsphase wurden zunächst alle Universitäten bundesweit – also öffentlich-rechtliche, kirchliche sowie privat anerkannte Universitäten – eingeschlossen. Die Basis dafür bildete die Liste des Hochschulkompasses aus dem Jahr 2018.[16] Dieses Informationsportal der Hochschulrektorenkonferenz lieferte mit seinem Verzeichnis der Studienorte und Studiengänge eine aktuelle und gesicherte Datenbasis für die Gesamterhebung.

Datenbasis I
115 Universitäten

Kurzfragebogen (Universitäre Leitungsebene)

Um die unterschiedlichen Akteure und Strukturen von SQ-Anbietern in der deutschen Universitätslandschaft systematisch zu erfassen, mussten diese zunächst identifiziert werden. Bereits auf den ersten Blick wurde deutlich, wie heterogen die SQ-Anbieter bezüglich ihrer institutionellen Verankerung sind. Die Strukturen konnten ohne interne Auskünfte selbst mit erheblichem Rechercheaufwand schwer beziehungsweise gar nicht nachvollzogen werden. Daher wurden in der ersten Stufe der Erhebung zentrale Ansprechpartner*innen mit dem Zuständigkeitsbereich Lehre auf höchster organisationaler Ebene (Vize-Präsident*innen, Prorektor*innen etc.) ermittelt und kontaktiert. Um den Bearbeitungsaufwand für die Befragten möglichst gering zu halten, wurde zunächst ein Kurzfragebogen mit folgendem Inhalt verschickt:

1. **Wer bietet an Ihrer Hochschule Veranstaltungen an, die dem Bereich „Schlüsselqualifikationen“ zugerechnet werden?**
   Z. B. ein Zentrum für Schlüsselqualifikationen, die Fakultäten (alle? einige ausgewählte?), der Career Service etc.
2. **Wie sind diese SQ-Anbieter strukturell in die Hochschule eingebettet?**
   Z. B. SQ-Zentrum als zentrale wissenschaftliche Einrichtung mit Zuordnung zum Vizepräsidenten für Lehre und Akademische Angelegenheiten, Schreibzentrum an der Fakultät für Geisteswissenschaften, Career Service als zentrale Dienstleistungseinrichtung, Zentrum für Studium und Lehre unter Leitung eines fakultätsangehörigen Professors etc.
3. **Gibt es weitere Angebote im SQ-Bereich, für die jedoch keine ECTS-Credits vergeben werden?**
4. **Gibt es an Ihrer Hochschule weitere Personen, die uns über den SQ-Bereich Auskunft erteilen können?**

Insgesamt wurden 115 Personen auf Leitungsebene angeschrieben. Die Bearbeitung des Kurzfragebogens wurde in einigen Fällen von den Kontaktierten an fachkundige Personen (zum Beispiel Referent*innen, Personen in SQ-Einrichtungen oder Koordinierungsstellen) innerhalb der jeweiligen Universitäten

16 https://www.hochschulkompass.de/home.html (Stand vom 01.12.2018).

delegiert. Der Rücklauf lag bei 32 Antworten. Nach einer ersten Sichtung der Rückmeldungen wurden die kirchlichen und privat anerkannten Universitäten sowie die Pädagogischen Hochschulen – insgesamt 34 – aus der Erhebung ausgeschlossen. Diese weisen in ihren Organisationsstrukturen viele Besonderheiten auf, denen in der auf Vergleichbarkeit angelegten Studie nicht angemessen Rechnung getragen werden konnte. Die Datenbasis für die weitere Erhebung beschränkte sich somit auf die öffentlich-rechtlichen Universitäten und umfasste insgesamt 81 zu untersuchende Fälle.[17]

Datenbasis II
115 Universitäten
– 34 Universitäten
81 Universitäten

Kurzfragebogen (Studierendenzentren)

Um den Rücklauf zu erhöhen, wurde nach einigen Wochen eine Erinnerung an die Ansprechpartner*innen verschickt. Bei fehlender Rückmeldung wurden die Kurzfragebögen anschließend an die zentralen Studierendenzentren verschickt. Die Studierendenzentren wurden gewählt, da deren Mitarbeiter*innen häufig das gesamte Lehrangebot der jeweiligen Universität überblicken und daher selbst Auskunft geben oder an die richtigen Stellen verweisen können. Insgesamt beteiligten sich 40 Universitäten an der ersten Kurzbefragung.

Onlinerecherche

Zu den Universitäten ohne Rückmeldung wurde eine Onlinerecherche auf den jeweiligen Websites durchgeführt,[18] um auf diesem Wege SQ-Anbieter zu ermitteln.

Die Daten der Onlinerecherche und der Kurzbefragung wurden mithilfe der Analysesoftware MAXQDA aufbereitet. Es konnten 160 Organisationseinheiten mit SQ-Bezug[19] an 55 Universitäten identifiziert werden. An 26 Universitäten gelang es weder SQ-anbietende Einheiten noch Ansprechpartner*innen jenseits der Fakultäten und der universitären Leitungsebene zu ermitteln.

---

17 https://www.hochschulkompass.de/home.html (Stand vom 01.12.2018).

18 Gesucht wurde nach fakultäts- und fachübergreifenden Angeboten und Einrichtungen, sowohl über die Navigation beziehungsweise Suchfunktion der jeweiligen Universitätswebsite als auch das Vorlesungsverzeichnis und die Suchmaschine Google mit folgenden Begriffskombinationen: Universität X + Schlüsselqualifikationen, Schlüsselkompetenzen, Soft Skills, fachübergreifende(s) Angebot/Kompetenzen/Qualifikationen etc. (zu der Vielfalt der an den Universitäten verwendeten Begriffe vgl. Kapitel 3.1).

19 Zur Begriffsverwendung „Organisationseinheit mit SQ-Bezug“ (kurz „SQ-Einheit“) siehe Glossar und Kapitel 5.1.

Datenbasis III
81 Universitäten
\- 26 Universitäten
55 Universitäten mit 160 SQ-Einheiten

Onlinebefragung

Um die Inhalte und Strukturen der identifizierten SQ-Einheiten differenziert zu erfassen, wurde ein umfangreicher Onlinefragebogen mit folgenden Inhalten entwickelt:[20]

- **Umfang der SQ-Angebote**
  Hier wurde nach der Anzahl der angebotenen Veranstaltungen (offene Frage mit numerischer Antwort) sowie nach der durchschnittlichen Anzahl der ausgestellten Leistungsnachweise pro Semester (offene Frage mit numerischer Antwort) gefragt.

- **Formate der angebotenen Veranstaltungen**
  Hier wurde abgefragt, zu welchem prozentualen Anteil die Veranstaltungen semesterbegleitend oder als Blockveranstaltungen angeboten werden (offene Frage mit numerischer Antwort, ergänzt um Freitextfeld für weitere Veranstaltungsformate).

- **Creditierung mit ECTS-Punkten**
  Hier wurde erfragt, ob die Angebote der Organisationseinheiten mit SQ-Bezug in der Regel ECTS-Punkte creditiert sind (geschlossene Frage mit Einfachantwort).

- **Zielgruppe**
  Hier wurde erfragt, ob sich das Angebot hauptsächlich an Studierende aller Studiengänge oder an Studierende spezieller Studiengänge richtet (geschlossene Frage mit Einfachantwort, ergänzt um Freitextfeld für Sonstiges). Sofern die Antwort „Spezielle Studiengänge" lautete, wurden diese in einer nachfassenden Frage ermittelt (geschlossene Frage mit Mehrfachantwort, ergänzt um Freitextfeld für Sonstiges). Die Kategorien für diese Abfrage wurden in enger Anlehnung an die Fächergruppen des Hochschulkompass entwickelt.[21]

20 Der vollständige Fragebogen befindet sich im Anhang.
21 Siehe https://www.hochschulkompass.de/studium/studiengangsuche/erweiterte-studiengangsuche.html (Stand vom 01.12.2018).

- **Themen des SQ-Angebots**
  Für die Ermittlung der thematischen Schwerpunkte der SQ-Angebote wurde nach den übergeordneten Themen der angebotenen Veranstaltungen gefragt (geschlossene Frage mit Mehrfachantwort, ergänzt um Freitextfeld für Sonstiges).
  Um den Bearbeitungsaufwand gering zu halten und für die Auswertung Vergleiche darstellen zu können, wurden insgesamt 13 übergeordnete Themenbereiche abgebildet.
  Für die Operationalisierung dieser Themenbereiche wurden zuvor fünf ausgewählte Programme verschiedener dezidierter SQ-Einrichtungen,[22] die ein sehr breites Programm aufwiesen, ausgewählt. Aus dem Veranstaltungsverzeichnis dieser Einrichtungen wurden über die Titel und Beschreibungen der Veranstaltungen zunächst mittels inhaltlich strukturierender qualitativer Inhaltsanalyse (vgl. Kuckartz 2014) übergeordnete Themen kategorisiert. In einem weiteren Schritt wurden Subkategorien mit spezifischen Inhalten gebildet.
  Sofern ein Themenbereich ausgewählt wurde, wurden die Subkategorien mit den spezifischen Inhalten abgefragt (geschlossene Frage mit Mehrfachantwort, ergänzt um Freitextfeld für Sonstiges).

- **Verzahnung der SQ-Angebote mit dem Fachstudium**
  Hier wurde nach der Verzahnung des SQ-Angebots mit dem Fachstudium gefragt, welche auf organisatorischer und inhaltlicher Ebene möglich ist.
  Die Verzahnung auf organisatorischer Ebene wurde durch die Frage erfasst, in welchem Maß die SQ-Inhalte in fachwissenschaftliche Veranstaltungen integriert sind – also ob es sich mehrheitlich um additive oder um integrative Angebote handelt (geschlossene Frage mit Einfachantwort, ergänzt um Freitextfeld für Kommentare).
  Die inhaltliche Verzahnung mit dem Fachstudium wurde über die disziplinenspezifische beziehungsweise disziplinenübergreifende Ausrichtung der Veranstaltungen erfragt (geschlossene Frage mit Einfachantwort, ergänzt um Freitextfeld für Kommentare). Ferner wurde danach gefragt, inwiefern bei der Entwicklung von SQ-Veranstaltungen zwischen den SQ-Einheiten und Fachvertreter*innen kooperiert wird (geschlossene Frage mit Einfachantwort, ergänzt um Freitextfeld für Kommentare).

- **Erforderlicher Leistungsumfang**
  Um den Stellenwert von Schlüsselqualifikationen in den Curricula zu ermitteln, wurde nach der Anzahl an ECTS-Punkten gefragt, die Studierende

22 Zur Begriffsverwendung „Dezidierte SQ-Einrichtung" siehe Glossar und Kapitel 5.1.

an der jeweiligen Universität im SQ-Bereich erwerben müssen (offene Frage mit numerischer Antwort).

- **Strukturelle Verankerung**
  Hier wurde erfragt, wie die SQ-Einheiten in die entsprechenden Universitätsstrukturen eingebettet sind (offene Frage).

- **Tätigkeitsspektrum**
  Hier wurde abgefragt, welche Aufgaben (Lehre, Forschung, Beratung, Dienstleistung) in das Tätigkeitsspektrum der jeweiligen SQ-Einheiten fallen (geschlossene Frage mit Mehrfachantwort, ergänzt um Freitextfeld für Sonstiges).

- **Beschäftigungsstruktur**
  Hier wurde nach der Anzahl der Mitarbeiter*innen (Wissenschaftliche Mitarbeiter*innen und Mitarbeiter*innen in Verwaltung & Technik) sowie der Hilfskräfte und der externen Lehrbeauftragten gefragt (offene Frage mit numerischer Antwort, ergänzt um Freitextfeld für Andere).
  Ferner wurde die Anzahl der entfristeten Stellen insgesamt sowie der Vollzeitäquivalente erfragt (offene Frage mit numerischer Antwort).
  Als weiteres Merkmal der Beschäftigungsstruktur wurde erfasst, wer Lehrveranstaltungen durchführt (eigene Mitarbeiter*innen, externe Lehrbeauftragte oder Dozierende aus den Fachstudiengängen) (geschlossene Frage mit Mehrfachantwort, ergänzt um Freitextfeld für Andere).

- **Theoretische Fundierung**
  Hier wurde nach dem Bezug auf spezifische (Schlüssel-)Kompetenzmodelle und/oder (Schlüssel-)Kompetenzbegriffe gefragt (offene Frage).

Der Onlinefragebogen wurde schließlich an 101 SQ-Einheiten verschickt.[23] 35 SQ-Einheiten haben an der Befragung teilgenommen, für die Auswertung konnten nach Bereinigung der Daten die Angaben von 31 SQ-Einheiten berücksichtigt werden.

23 Der Fragebogen wurde nicht an alle 160 SQ-Einheiten einzeln verschickt. Falls eine SQ-Einheit mit Koordinierungsfunktion für mehrere Einheiten vorhanden war, wurde diese stellvertretend angeschrieben.

Vertiefende Onlinerecherche

Eine vertiefende Onlinerecherche wurde dann durchgeführt, wenn von einer SQ-Einheit trotz Erinnerung kein Rücklauf aus der Onlineumfrage erzielt werden konnte.

Über die Websites wurden Informationen zu Strukturen und angebotenen Themen ermittelt und die Veranstaltungsverzeichnisse der Anbieter recherchiert. Diese wurden mittels inhaltlich strukturierender qualitativer Inhaltsanalyse (vgl. Kuckartz 2014) anhand des bereits entwickelten Kategoriensystems ausgewertet. Die recherchierten Daten variierten in ihrem Detaillierungsgrad mitunter stark und konnten daher nicht als uneingeschränkt aussagekräftig bewertet werden: Häufig standen nur die Titel ohne Veranstaltungsbeschreibungen zur Verfügung. Daher wäre es möglich, dass innerhalb spezifischer Veranstaltungen weitere Inhalte behandelt werden, die sich aus dem Titel allein nicht ableiten ließen.

Aufgrund des geringen Rücklaufs wurden nur die Teile der Onlinebefragung für die Auswertung berücksichtigt, zu denen im Rahmen der Onlinerecherche ebenfalls Daten ermittelt werden konnten. Zu folgenden Themenbereichen konnten anhand der Internetauftritte keine verlässlichen Daten generiert werden: Umfang des SQ-Angebots, angebotene Formate, Verzahnung des SQ-Angebots mit dem Fachstudium, erforderlicher Leistungsumfang, Tätigkeitsspektrum und Beschäftigungsstruktur sowie theoretische Fundierung. Da sich in diesen Daten dennoch interessante Tendenzen beobachten lassen, werden diese in einem Exkurs dargestellt (siehe Kapitel 5.6).

Die Auswertung der Daten erfolgte mithilfe der Analysesoftware MAXQDA mittels inhaltlich strukturierender qualitativer Inhaltsanalyse (vgl. Kuckartz 2014). Die Ergebnisse der Onlineumfrage wurden mit denen der Onlinerecherche kombiniert und in der Auswertung gleichwertig behandelt. Alle Dokumente und Daten wurden systematisch hinsichtlich folgender Fragen untersucht und ausgewertet:

- Wie viele SQ-anbietende Einheiten gibt es an deutschen Universitäten und wie sind diese strukturell verankert?
- Inwiefern werden SQ-Angebote mit ECTS-Punkten creditiert?
- Wer bietet mit ECTS-Punkten creditierte SQ-Veranstaltungen für welche Zielgruppe an?
- Welche Themen und Inhalte finden sich in den Programmen der Organisationseinheiten mit SQ-Bezug?
- Welche Typen von SQ-Anbietern gibt es?

4.3 Typenbildung

Um die Frage zu beantworten, welche Typen von SQ-Anbietern in der deutschen Universitätslandschaft vorhanden sind, wurden auf Basis der Ergebnisse fünf Idealtypen gebildet (vgl. Kapitel 5.5). Ein Idealtypus „bezieht sich auf reale empirische Phänomene, beschreibt sie aber nicht einfach, sondern übersteigert einige ihrer Merkmale, um zu einem Modell sozialer Wirklichkeit zu gelangen" (Kelle/Kluge 2010, S. 83).

Der Prozess der Typenbildung wurde in Anlehnung an Kelle und Kluge (vgl. ebd., S. 85 ff.) vorgenommen: Hierfür wurden zunächst relevante Vergleichsdimensionen und deren Merkmalsausprägungen identifiziert. Mittels einer Mehrfeldertafel wurde der sogenannte Merkmalsraum erschlossen, das heißt es wurde aufgezeigt, welche potenziellen Kombinationen der Merkmale möglich sind. Anschließend wurden diese auf ihren logischen und inhaltlichen Sinnzusammenhang geprüft. Darüber hinaus wurden sie gemäß der Maxime, „dass sich die Elemente innerhalb eines Typus möglichst ähnlich sind (*interne Homogenität* auf der „Ebene des Typus") und sich die Typen voneinander möglichst stark unterscheiden (*externe Heterogenität* auf der „Ebene der Typologie" [...])" (ebd., S. 85, Hervorhebung im Original) beurteilt und schließlich auf fünf Varianten reduziert. Diese verbleibenden Varianten sind als Idealtypen im Sinne Max Webers zu verstehen. Sie stehen zwischen Empirie und Theorie (vgl. ebd., S. 83), da sie einerseits in empirischen Befunden verankert sind, aber diese andererseits nicht eins zu eins abbilden, sondern in zugespitzter Form darstellen. Diese Zuspitzung dient dazu, die Typen klar voneinander abzugrenzen und damit eine Heuristik zu schaffen, die in der Vielfalt der tatsächlichen Möglichkeiten (die im Bereich der SQ-Anbieter sehr facettenreich ist) Orientierung ermöglicht und auf Zusammenhänge hinweist.

5 Licht im Dunkel des Schlüsselqualifikationsuniversums – Ergebnisse der Studie

Im Folgenden werden die Ergebnisse der Studie entlang der forschungsleitenden Fragestellungen dargestellt und erläutert. Dabei stehen zunächst ausgewählte Aspekte wie die Anzahl der SQ-anbietenden Einheiten an deutschen Universitäten sowie die von ihnen angebotenen Themen im Vordergrund (Kapitel 5.1 bis Kapitel 5.4). Daran anschließend werden unterschiedliche Merkmale dieser Einheiten synthetisiert und in eine Typologie von SQ-Anbietermodellen überführt (Kapitel 5.5). Der Ergebnisteil schließt mit einem Exkurs, in dem weitere Ergebnisse aus der Onlinebefragung sowie aus dem Rechercheprozess dargestellt werden (Kapitel 5.6).

5.1 Wie viele Einheiten, die Schlüsselqualifikationen anbieten, gibt es an deutschen Universitäten und wie sind diese strukturell verankert?

So selbstverständlich vielen das SQ-Modell der jeweils eigenen Universität erscheinen mag, so vielfältig und individuell sind die Modelle, mit und in denen SQ-Angebote tatsächlich an deutschen Universitäten realisiert werden. Schon eine kurze Recherche lässt jede Hoffnung auf eine eindeutige Systematik verblassen. Selbst die vermeintlich evidente Annahme, dass Schlüsselqualifikationen sowohl von zentralen als auch von dezentralen Einrichtungen angeboten würden, muss differenziert werden: Es sind keineswegs nur Einrichtungen, die Schlüsselqualifikationen anbieten. Auf zentraler Ebene können es neben zentralen wissenschaftlichen Einrichtungen sowie Dienstleistungs- und Serviceeinrichtungen genauso Stabstellen oder einzelne Personen an speziell denominierten Stellen sein, die SQ-Angebote für Studierende verantworten. Um diese Vielfalt begrifflich möglichst präzise zu fassen, wird hier nicht von SQ-anbietenden Einrichtungen (kurz: SQ-Einrichtungen) gesprochen, sondern von Organisationseinheiten mit SQ-Bezug (kurz: SQ-Einheiten).[24]

24 Vgl. dazu das Glossar.

Auch auf dezentraler Ebene werden Schlüsselqualifikationen von verschiedenen Anbietern verantwortet, wie beispielsweise von Fakultäten sowie von einzelnen Stellen und Personen. Genauso sind Einrichtungen, die als Zentren ausgewiesen sind – zum Beispiel Sprach-, Schreib- oder SQ-Zentren – und damit semantisch eine zentrale Verankerung nahelegen, an einigen Universitäten dezentral verortet.

An den 55 näher untersuchten Universitäten befinden sich 160 Organisationseinheiten mit SQ-Bezug. Davon sind 137 zentral angesiedelt, 14 dezentral, neun Einheiten ließen sich nicht eindeutig zuordnen.

Gleichzeitig sind 28 dieser 160 Einheiten dezidierte SQ-Einrichtungen, also Einheiten, die

- sich selbst als „SQ-Einrichtung" bezeichnen und/oder
- zu deren vornehmlichen Aufgaben es gehört, Schlüsselqualifikationen für Studierende anzubieten und/oder
- für die Koordination des universitätsweiten SQ-Programms verantwortlich sind.

Diese dezidierten SQ-Einrichtungen können strukturell sowohl an zentraler als auch dezentraler Stelle verankert sein.

Die Anzahl der SQ-Einheiten, die mit ECTS-Punkten creditierte SQ-Veranstaltungen anbieten, ist an den 55 Universitäten sehr unterschiedlich: Die Zahl reicht von einer Einheit bis zu 15 eigenständigen Einheiten. An deutlich über der Hälfte der Universitäten – nämlich an 65 Prozent – werden die SQ-Angebote von einer oder zwei SQ-Einheiten verantwortet.[25] Gleichzeitig gibt es vier Universitäten, an denen zehn oder mehr Einheiten SQ-Veranstaltungen anbieten.

Dabei bleibt zu beachten, dass ausschließlich die Dacheinheiten in die Auswertung einbezogen wurden. Um es am Beispiel eines Schreibzentrums zu verdeutlichen: Ein organisational eigenständiges Schreibzentrum wird als eine SQ-Einheit verstanden. Stellt ein Schreibzentrum eine Abteilung einer größeren SQ-Einheit dar, beispielsweise eines Sprachzentrums oder einer dezidierten SQ-Einrichtung, wird es nicht als eigenständige SQ-Einheit aufgeführt.

---

25 Gegebenenfalls werden zusätzlich studienbereichsinterne SQ-Veranstaltungen angeboten, diese werden jedoch in der Darstellung nicht berücksichtigt. Siehe dazu Kapitel 5.3.

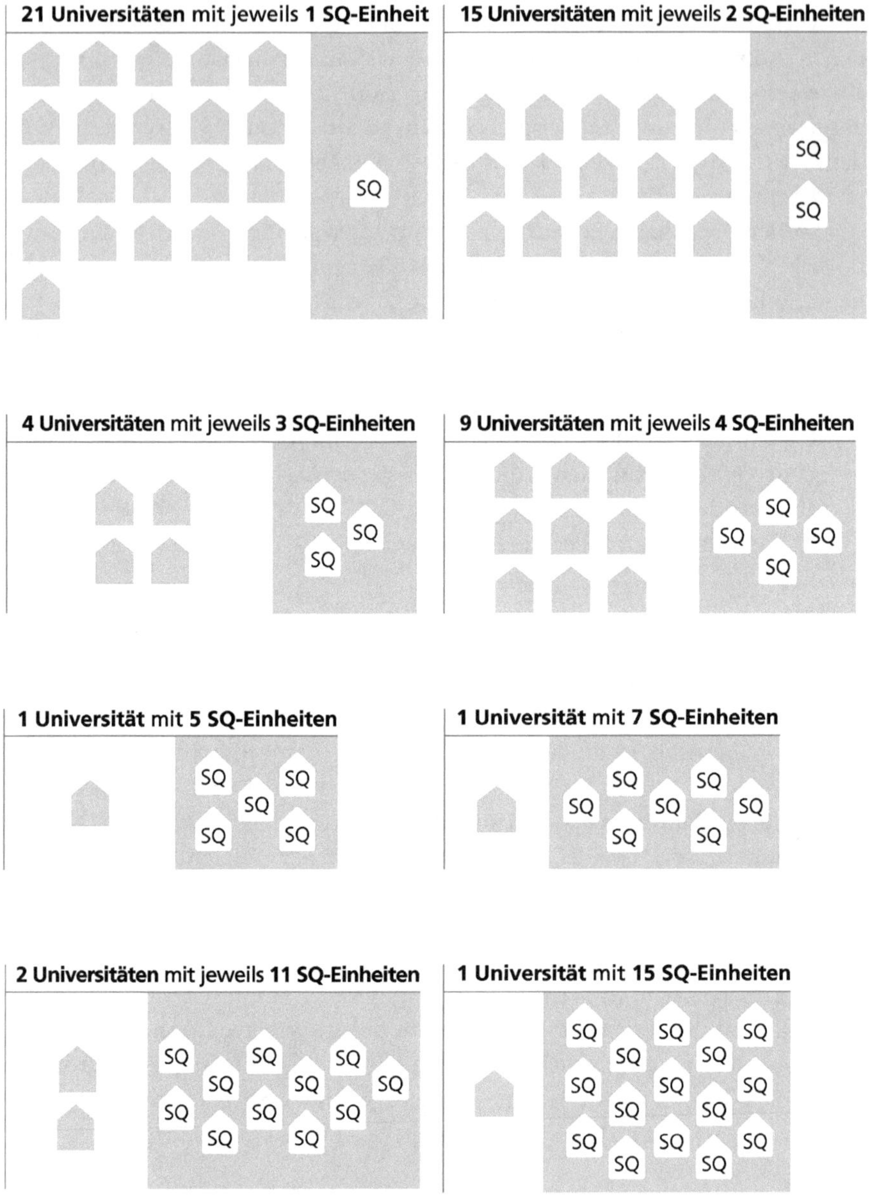

Abbildung 3: Anzahl der SQ-Einheiten an den Universitäten

5.2 Inwiefern werden Schlüsselqualifikationsangebote mit ECTS-Punkten creditiert?

An den untersuchten Universitäten wird eine Vielzahl der SQ-Angebote mit ECTS-Punkten versehen. Dabei handelt es sich zum einen um dezidierte SQ-Angebote. Zum anderen werden auch für verpflichtende Fachstudieninhalte (wie etwa Praktika) und freiwilliges Engagement (wie etwa die Ausübung eines Ehrenamts) ECTS-Punkte im SQ-Bereich vergeben, ohne dass eine dezidiert darauf zielende Lehre stattfindet.

Bei den creditierten Angeboten bleibt zu beachten, dass die SQ-Einheiten oftmals keine letztliche Autonomie besitzen, da für gewöhnlich die Fakultäten über die Anrechnung der erworbenen ECTS-Punkte entscheiden. In diesen Fällen stehen die SQ-Angebote grundsätzlich allen Studierenden offen, können aber möglicherweise nicht von allen gleichermaßen als Studienleistung angerechnet werden.

Darüber hinaus werden zusätzlich SQ-Veranstaltungen ohne die Vergabe von ECTS-Punkten angeboten. Bei diesen uncreditierten Angeboten handelt es sich zum Beispiel um kurze Workshops, Kurse zu Teilbereichen eines Themenfeldes oder spezifische Schulungen beispielsweise für Tutor*innen. Da diese Angebote oftmals einen zeitlich geringen Umfang haben oder sie innerhalb eines geschützten Rahmens außerhalb des Bewertungskontextes der Hochschule stehen sollen, erhalten die Studierenden für die erfolgreiche Teilnahme beispielsweise Zertifikate anstelle von ECTS-Punkten.

In welchem Verhältnis mit ECTS-Punkten creditierte zu uncreditierten SQ-Angeboten stehen, lässt sich anhand der vorliegenden Daten nicht verlässlich bestimmen.

5.3 Wer bietet mit ECTS-Punkten creditierte Schlüsselqualifikationsveranstaltungen für welche Zielgruppe an?

Als erste zentrale Erkenntnis lässt sich festhalten, dass Schlüsselqualifikationen an deutschen Universitäten von den unterschiedlichsten Anbietern verantwortet werden: von wissenschaftlichen Zentren und Einrichtungen für Hochschuldidaktik genauso wie von Bibliotheken, Sprachzentren und Career Services, von großen Einheiten genauso wie von mit Einzelpersonen ausgestatteten Stellen, von zentraler genauso wie von dezentraler Stelle. Entgegen einer einfach zu durchschauenden Ordnung entsteht vielmehr der Eindruck, dass es im Bereich der Schlüsselqualifikationen kaum ein Modell gibt, das es nicht gibt (vgl. dazu auch Kapitel 5.5).

In der Regel richten die SQ-Einheiten ihr Angebot an Studierende, an manchen SQ-Einheiten werden zusätzlich auch andere Zielgruppen wie beispielsweise Mitarbeiter*innen und/oder Doktorand*innen adressiert.

Wie bereits beschrieben stellen 28 von 160 Einheiten das dar, was landläufig am ehesten unter dem Begriff der SQ-Einrichtung firmiert. Von diesen 28 Einheiten richten 20 ihr Programm an Studierende aller Studienbereiche.[26] Fünf Einheiten richten sich an einen oder mehrere spezielle Studienbereiche, zum Beispiel an Studierende der Geistes- und Sozialwissenschaften, denen im SQ-Bereich etwa ein Programm mit verstärkt wirtschaftswissenschaftlichem Bezug geboten wird.[27]

Weitere Anbieter, deren Kurse häufig als Schlüsselqualifikationen angerechnet werden können, sind Sprachzentren[28] (27) und Career Services[29] (22). Die Breite der Angebote und Aufgabengebiete, insbesondere der Career Services, ist überaus divers: An vielen Universitäten sind sie als einer von mehreren Anbietern speziell für das Themenfeld des Berufseinstiegs verantwortlich; an anderen Universitäten fungieren sie als zentraler Anbieter für sämtliche SQ-Angebote.

Weitere Einheiten, an denen Schlüsselqualifikationen vermittelt werden, sind themenspezifische (Weiter-)Bildungseinrichtungen wie Schreibzentren (3), Lehr-Lern-Zentren (5) sowie Einrichtungen für Hochschuldidaktik (2), (Hochschul-)Bildung (2), Lehrerbildung (4) oder Weiterbildung (3).

Hinzu kommen – zwar nicht in der Breite, aber deutlich erkennbar – Serviceeinrichtungen, deren Kernaufgabe zumindest nicht ihrem Namen und einem Alltagsverständnis zufolge unmittelbar mit Schlüsselqualifikationen in Verbindung gebracht werden, die aber entweder zusätzlich oder sogar schwerpunktmäßig SQ-Veranstaltungen anbieten. Dies sind etwa Medien- und Rechenzentren (10), Bibliotheken (6), Studienberatungen (2), International Offices (6), Zentren für Forschungsförderung oder -transfer (3), Gründungszentren (4) und Gleichstellungsbüros (3). Die Menge der angebotenen Veranstaltungen und die Breite der Themen sind von Einheit zu Einheit und von Universität zu Universität sehr unterschiedlich. Teilweise handelt es sich um umfangreiche, in sich abgeschlossene Module, teilweise um einzelne Veranstaltungen zu speziellen Themenbereichen.

---

26 Der Begriff der Studienbereiche wird hier entsprechend der Definition des Hochschulkompasses verwendet, vgl. dazu das Glossar.

27 Bei drei Einheiten konnten keine Informationen darüber gefunden werden, an wen sich das Angebot richtet.

28 Synonyme Bezeichnungen für Einheiten dieser Art sind zum Beispiel Fachsprachenzentren, Sprachlehrinstitute oder Sprachlernzentrum.

29 Eine synonyme Bezeichnung ist Career Center.

Neben den bereits genannten existieren weitere Anbieter wie beispielsweise Fachzentren[30] oder studentische Organisationen.[31]

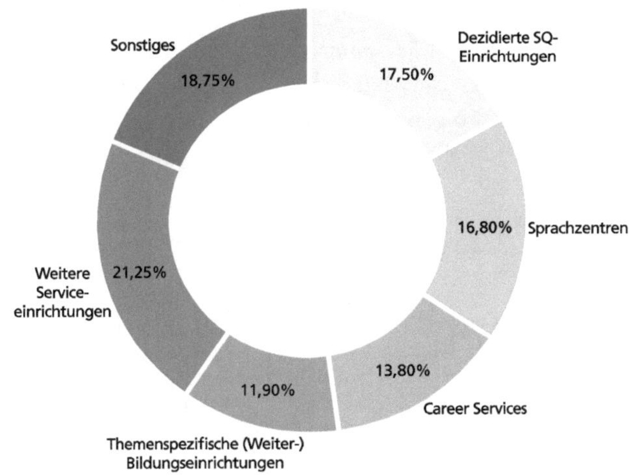

Abbildung 4: Verteilung der Arten von SQ-Anbietern

Schließlich werden Schlüsselqualifikationen zu einem wesentlichen Anteil studienbereichsintern von den Fakultäten angeboten. Unter den 55 näher untersuchten Universitäten existiert keine, an der Schlüsselqualifikationen nicht von mindestens einer Fakultät studienbereichsintern angeboten werden. Die Angebotsformen sind hierbei vielfältig: Schlüsselqualifikationen werden sowohl additiv zu den Fachveranstaltungen als auch integriert in Fachveranstaltungen vermittelt – und zwar sowohl mit als auch ohne explizite Nennung des SQ-Begriffs. Ein Beispiel für ein studienbereichsinternes SQ-Angebot ist etwa ein SQ-Modul zum wissenschaftlichen Schreiben für Studierende der Germanistik, das vom Institut für Germanistik an der Fakultät für Geistes- und Sozialwissenschaften angeboten wird. Diese studienbereichsinternen Angebote richten sich in der Regel an die Studierenden ausgewählter Studienbereiche an der Fakultät und wurden daher nicht in die detaillierte Auswertung einbezogen.

Neben diesen studienbereichsinternen Fakultätsangeboten existieren auch studienbereichsübergreifende Angebote der Fakultäten. Hierzu zählt beispielsweise ein Schreibzentrum an der Fakultät für Germanistik, dessen Angebot auch für Studierende anderer Fakultäten bestimmt ist. Derartige Anbieter wurden als SQ-Einheiten kategorisiert und in die detaillierte Auswertung einbezogen.

30 Zum Beispiel für Musik oder Theater, Bioethik oder Geoinformatik.

31 Zum Beispiel dem Allgemeinen Studierendenausschuss (AStA) oder einer Umweltinitiative.

5.4 Welche Themen und Inhalte finden sich in den Programmen der Organisationseinheiten mit Schlüsselqualifikationsbezug?

Die 160 SQ-Einheiten an den 55 näher untersuchten Universitäten bieten ein außerordentlich vielfältiges Themenspektrum an, bei dem sich klare Schwerpunkte erkennen lassen. Folgende Themen (13) mit ihren jeweiligen Inhalten (84) finden sich in den Angeboten der Organisationseinheiten mit SQ-Bezug:[32]

Berufsorientierung und Berufseinstieg
- Berufsorientierung und -findung
- Bewerbungsvorbereitung
- Praktikum
- Vorbereitung auf spezielle Berufsfelder/Berufe

EDV
- Datenverwaltung
- Layout und Satz
- Tabellenkalkulation
- Textverarbeitung
- Video- und Bildbearbeitung
- Webdesign

Ethik und gesellschaftliche Verantwortung
- Alltagsethik
- Ethischer Konsum
- Forschungsethik
- Gesellschaftliches und soziales Engagement
- Nachhaltigkeit
- Unternehmensethik
- Wirtschaftsethik

Historische und politische Grundlagen
- Demokratie, demokratisches Handeln
- Internationale Beziehungen
- Rechts- und Staatsphilosophie
- Staatsmodelle
- Verfassungsgeschichte

Interkulturalität, Internationalität und Diversität
- Interkulturelle Kommunikation
- Interkulturelle Handlungsfelder
- Kultur- und Landeskunde
- Migration
- Soziale (Un-)Gleichheit

Kommunikation und Kooperation
- Argumentation
- Diskussionsführung
- Frei sprechen
- Führungsverhalten
- Gesprächsführung
- Konfliktbewältigung
- Körpersprache
- Kreativitätstechniken
- Moderation
- Nonverbale Kommunikation
- Rhetorik
- Präsentation
- Stimm- und Spracheinsatz
- Teamarbeit
- Verhandlungsführung

Juristische und ökonomische Grundlagen
- BWL
- Entrepreneurship, unternehmerisches Handeln
- Marketing
- Organisationstheorie und -entwicklung
- Rechtsgrundlagen
- VWL

32 Zur Erläuterung des methodischen Vorgehens siehe Kapitel 4.

Lern- und Arbeitstechniken

- Lernmanagement
- Lernmotivation
- Lesetechniken
- Prokrastination
- Zeitmanagement

Management (in verschiedenen Bereichen)

- Changemanagement
- Diversitymanagement
- Eventmanagement
- Gesundheitsmanagement
- Innovationsmanagement
- Kulturmanagement
- Personalmanagement
- Projektmanagement
- Qualitätsmanagement
- Wissenschaftsmanagement

Medienbildung

- Medienanalyse
- Medienkritik
- Umgang mit digitalen Medien

Selbstverortung, geistige und körperliche Gesundheit

- Achtsamkeit
- Bewegung/Sport
- Emotionsregulation
- Ernährung
- Perspektiven für den eigenen Lebensweg
- Prokrastination
- Prüfungsangst
- Resilienz
- Selbstreflexion
- Umgang mit Stress und Belastung

Sprachen

- Deutsch als Fremdsprache
- Fremdsprachen

Wissenschaftliches Arbeiten

- Informationskompetenz
- Literaturrecherche
- Literaturverwaltung
- Qualitative Forschungsmethoden
- Quantitative Forschungsmethoden
- Wissenschaftliches Schreiben

Abbildung 5: Übersicht zu Themen und Inhalten der SQ-Angebote

Abbildung 6 stellt die angebotenen Themen an den SQ-Einheiten dar, welche mittels Onlineumfrage und -recherche erhoben wurden. Erfasst wurde, ob eine SQ-Einheit Veranstaltungen zu einem Thema anbietet – unabhängig von der Anzahl der Veranstaltungen. Dargestellt wird somit, wie viele der 160 SQ-Einheiten Veranstaltungen aus dem jeweiligen Themenbereich anbieten.

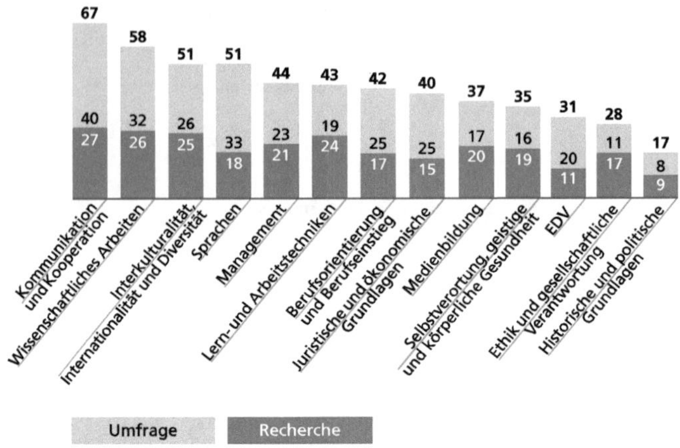

Abbildung 6: Themen, dargestellt nach Anzahl der anbietenden SQ-Einheiten (getrennt dargestellt nach Recherche- und Umfrage-Ergebnissen)

Die Ergebnisse der Onlineumfrage und -recherche wurden miteinander kombiniert und in der Auswertung gleichwertig behandelt. In den folgenden Abbildungen wird daher nicht mehr zwischen Recherche- und Umfragedaten unterschieden.

5.4.1 Kommunikation und Kooperation

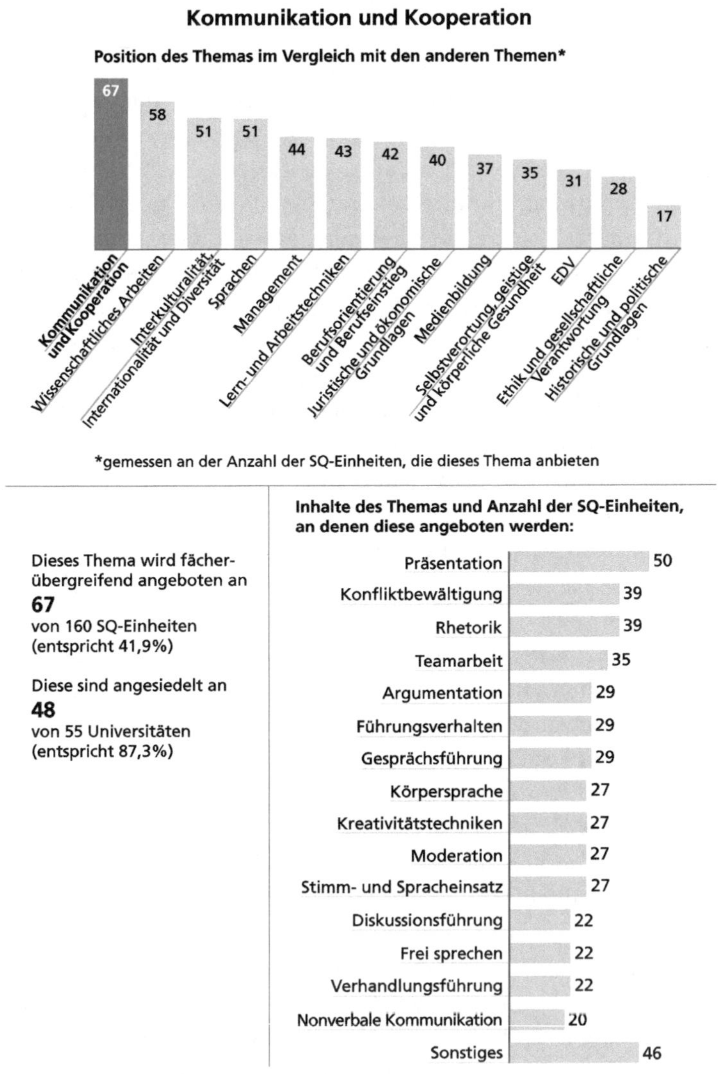

Abbildung 7: Zusammenfassende Übersicht zum Thema Kommunikation und Kooperation

An 67 von 160 Organisationseinheiten mit SQ-Bezug werden fachübergreifende Veranstaltungen zum Thema *Kommunikation und Kooperation* angeboten. Diese 67 SQ-Einheiten sind an 48 Universitäten angesiedelt – somit ist der Themenbereich an 87,3 Prozent der näher untersuchten Universitäten vertreten. Sowohl bezüglich der Anzahl der SQ-Einheiten als auch bezogen auf die Anzahl der Universitäten ist *Kommunikation und Kooperation* damit das am stärksten vertretene Thema in fächerübergreifenden SQ-Angeboten. In einer

Vielzahl der Veranstaltungsbeschreibungen wird betont, dass diese Inhalte sowohl für den Studienkontext als auch mit Blick auf das spätere Erwerbsleben ausgesprochen relevant sind.

Auffallend ist zudem die starke inhaltliche Ausdifferenzierung, die sich an der vergleichsweise großen Anzahl an Unterkategorien zeigt. Zahlreiche Aspekte, die für eine gelingende Kommunikation und Kooperation relevant sein können, werden in diesem Themenfeld behandelt: Die Inhalte reichen von *Präsentation*, *Diskussionsführung* und *Gesprächsführung* über *Teamarbeit* und *Stimm- und Spracheinsatz* bis hin zur *Moderation* – um nur sechs der 15 Inhalte zu nennen. *Präsentation* wird an 50 von 160 SQ-Einheiten angeboten und ist damit der am stärksten vertretene Inhalt im Themenbereich *Kommunikation und Kooperation*. In Veranstaltungen wie „Kompetent und sicher vortragen" oder „Wirkungsvoll präsentieren – mit Ausdruck Eindruck machen" lernen Studierende Präsentationstechniken kennen, reflektieren ihre persönliche Wirkung und ihr Auftreten vor Publikum.

In zahlreichen Veranstaltungen werden mehrere Inhalte miteinander kombiniert, wie zum Beispiel *Nonverbale Kommunikation* und *Rhetorik* als Teil eines Seminars zum *wissenschaftlichen Präsentieren* oder *Konfliktbewältigung* und *Körpersprache* als Bestandteil der Veranstaltung „Professionelle Verhandlungstechnik".

Die Kategorie *Sonstiges* fällt für diesen Themenbereich sehr groß aus: Zum einen finden sich hier einige Veranstaltungen, die zwar eindeutig dem Thema Kommunikation zugeordnet werden können, bei denen sich aber nur aufgrund des Titels nicht auf konkrete Inhalte schließen lässt. Ein Beispiel hierfür stellt die Veranstaltung „Grundlagen des professionellen Sprechens" dar. Ohne eine ergänzende Veranstaltungsbeschreibung konnte nicht abgeleitet werden, ob hier eher *Rhetorik, Stimm- und Spracheinsatz, Präsentieren* oder eine Kombination daraus vermittelt wird. Zum anderen fallen Veranstaltungen in diese Kategorie, die das Thema Kommunikation auf konkrete Kommunikationsanlässe beziehen, wie etwa „Kommunikation im Unternehmen", „Wie sag ich's meinem Prof – Kommunikation an der Uni" oder „Gespräche mit Kindern". Des Weiteren finden sich in dieser Kategorie verschiedenste und zum Teil sehr spezifische Inhalte, wie zum Beispiel Veranstaltungen zum professionellen Telefonieren oder Vorlesen oder zum Vortragen von poetischen Texten.

5.4.2 Wissenschaftliches Arbeiten

Abbildung 8: Zusammenfassende Übersicht zum Thema Wissenschaftliches Arbeiten

58 von 160 Organisationseinheiten mit SQ-Bezug bieten Veranstaltungen zum Thema *Wissenschaftliches Arbeiten* an. Diese 58 SQ-Einheiten sind an 44 Universitäten angesiedelt – somit bieten 80 Prozent der untersuchten Universitäten im fachübergreifenden Bereich Veranstaltungen zum *Wissenschaftlichen Arbeiten* an.

In diesen Themenbereich fallen vor allem Inhalte, die unmittelbar für die erfolgreiche Bewältigung des Studiums relevant sind: *Wissenschaftliches Schreiben, Literaturverwaltung und -recherche, Informationskompetenz* sowie *Qualitative Forschungsmethoden* und *Quantitative Forschungsmethoden*.

Am häufigsten werden Veranstaltungen zum *Wissenschaftlichen Schreiben* angeboten. Hierzu zählen neben allgemeinen Angeboten auch Formate zu speziellen Themen, wie beispielsweise zum Schreibstil, zur korrekten Zitierweise, zum wissenschaftlichen Schreiben für spezielle Fachbereiche oder zum Anfertigen von Abschlussarbeiten.

Die Inhalte *Literaturverwaltung* und *Literaturrecherche* finden sich nahezu gleich häufig in den SQ-Angeboten. In Veranstaltungen wie zum Beispiel „Methoden und Instrumente wissenschaftlichen Recherchierens" lernen Studierende grundlegende Techniken und Instrumente kennen und wenden diese praktisch an.

Zahlreichen Veranstaltungen, wie „Jenseits von Google: Abschlussarbeiten effizient vorbereiten und schreiben", kombinieren verschiedene Inhalte miteinander: Neben *Informationskompetenz* und *Wissenschaftlichem Schreiben* geht es hier unter anderem auch um *Literaturrecherche* und systematische *Literaturverwaltung*.

Im Bereich der *Qualitativen Forschungsmethoden* und *Quantitativen Forschungsmethoden* werden hauptsächlich Einführungsveranstaltungen in sozialwissenschaftliche Forschungsmethoden oder Veranstaltungen zu bestimmten Auswertungs- oder Erhebungsmethoden angeboten. Einige dieser Veranstaltungen beziehen die Anwendung konkreter Erhebungs- oder Auswertungssoftwares ein, wie „Umfragetools als Forschungswerkzeuge" oder „Planung, Durchführung und Auswertung qualitativer Interviews (mit MAXQDA)".

In der Kategorie *Sonstiges* finden sich weitere Veranstaltungen zum Thema *Wissenschaftliches Arbeiten*, die jedoch keinem der Inhalte eindeutig zugeordnet werden konnten. Hierzu zählen beispielsweise Veranstaltungen zum Erstellen von wissenschaftlichen Postern oder Angebote wie „Abbildungen, Tabellen und Diagramme – mit der richtigen Visualisierung im Studium punkten".

5.4.3 Interkulturalität, Internationalität und Diversität

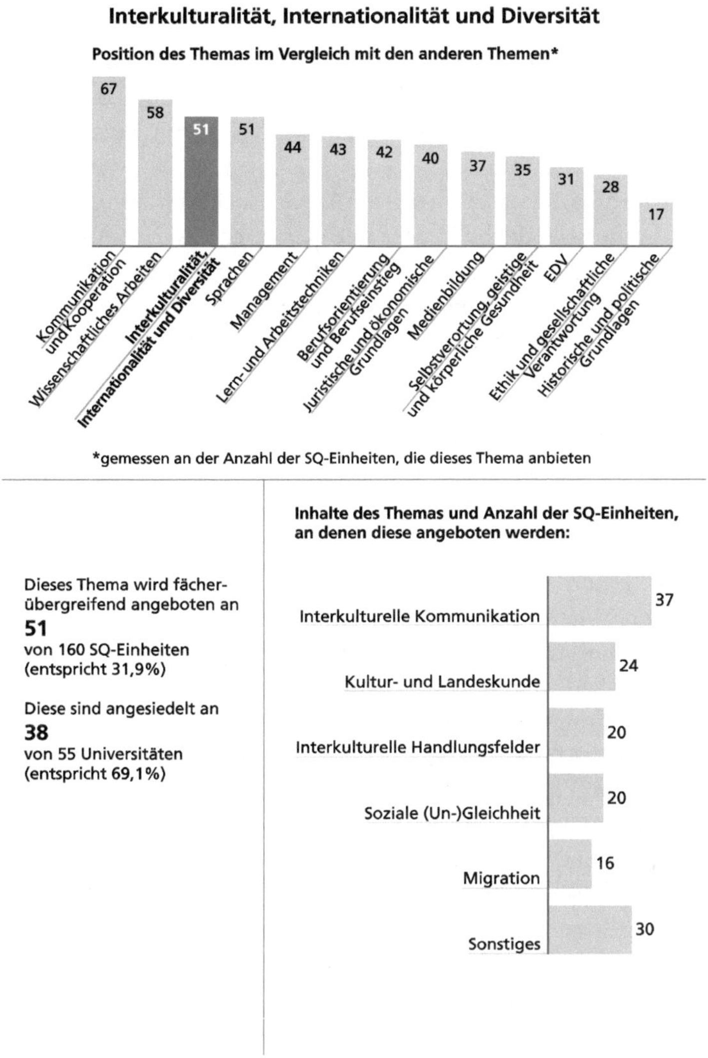

Abbildung 9: Zusammenfassende Übersicht zum Thema Interkulturalität, Internationalität und Diversität

51 von 160 Organisationseinheiten mit SQ-Bezug bieten Veranstaltungen an, die unter der Überschrift *Interkulturalität, Internationalität und Diversität* geführt werden können. Diese 51 SQ-Einheiten sind an 38 Universitäten angesiedelt – der Themenbereich ist somit an 69,1 Prozent der untersuchten Universitäten im fachübergreifenden Bereich vertreten. Er gliedert sich in die Inhalte *Interkulturelle Kommunikation, Kultur- und Landeskunde, Interkulturelle Handlungsfelder, Soziale (Un-)Gleichheit* sowie *Migration.*

Am häufigsten konnten Veranstaltungen zur *Interkulturellen Kommunikation* identifiziert werden, wie beispielsweise „Interkulturelle Kommunikation – Begegnung in Kulturen. Zur Interaktion zwischen Menschen verschiedener Kulturen“. Neben allgemeinen Angeboten zu diesem Themenbereich ließen sich Veranstaltungen identifizieren, in denen die Kommunikation mit Personen eines spezifischen Landes thematisiert wird, wie zum Beispiel „Interkulturelle Kommunikation: Frankreich“.

Die zweitgrößte Kategorie stellt der Bereich der *Kultur- und Landeskunde* bezogen auf unterschiedliche Länder und Regionen dar: Die Angebote reichen von Veranstaltungen wie „Länderkompetenz Niederlande“ über „Umbruch und Verantwortung: Der Nahe Osten und der Arabische Frühling“ bis hin zu „China und die Außenwelt. Die chinesische Geschichte in ihren regionalen und globalen Bezügen“.

Die Inhalte *Interkulturelle Handlungsfelder* und *Soziale (Un-)Gleichheit* sind gleich häufig in den Angeboten der SQ-Einheiten zu finden. Zur erstgenannten Kategorie zählen Angebote wie „Projektseminar: Planung interkultureller Veranstaltungen“ oder „Interkulturelle Kompetenz in der Arbeit“. Die Kategorie *Soziale (Un-)Gleichheit* beinhaltet Veranstaltungen, welche die Ungleichbehandlung aufgrund verschiedener sozialer Merkmale wie etwa Geschlecht, Ethnizität oder Alter thematisieren. Ein Beispiel dafür ist die Veranstaltung „Intersektionalität: Auf der Straßenkreuzung der sozialen Ungleichheiten“.

In der Kategorie *Migration* finden sich Veranstaltungen, die diverse Aspekte der Zu- und Abwanderung thematisieren, wie beispielsweise „Praxisbezogene Einführung in das Asylrecht“ oder „Wirtschafts- und Migrationsrisiken“.

Die Kategorie *Sonstiges* fällt für diesen Themenbereich auffallend groß aus: Der Grund hierfür ist, dass für den Onlinefragebogen die Inhalte *Interkulturelle Kommunikation* und *Interkulturelle Handlungsfelder* gewählt wurden, um das Thema Interkulturalität differenziert zu erfassen. In der Onlinerecherche fanden sich allerdings häufig Veranstaltungen mit dem Titel „Interkulturelle Kompetenz(en)“ (16), bei denen sich ohne eine ergänzende Veranstaltungsbeschreibung nicht eindeutig ableiten ließ, ob *Interkulturelle Kommunikation* und/oder *Interkulturelle Handlungsfelder* Inhalte der Veranstaltungen sind. Diese Veranstaltungen wurden aufgrund der fehlenden Eindeutigkeit der Kategorie *Sonstiges* zugeordnet.

5.4.4 Sprachen

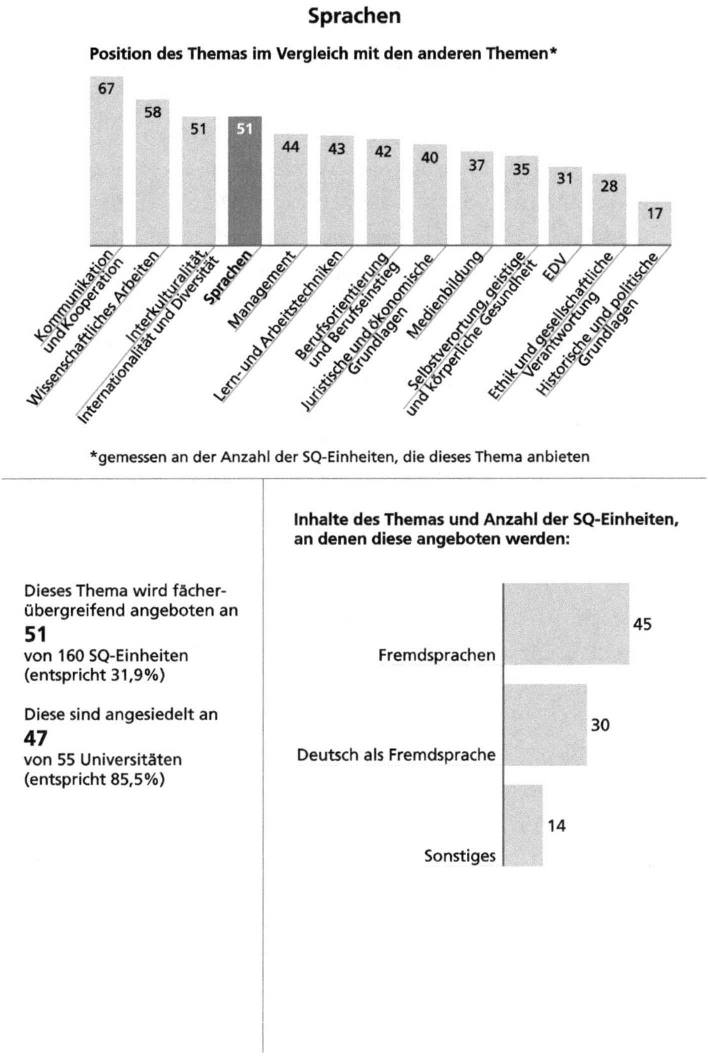

Abbildung 10: Zusammenfassende Übersicht zum Thema Sprachen

Der Themenbereich *Sprachen* ist derjenige, der im Hinblick auf das Vorkommen an den untersuchten Universitäten mit 85,5 Prozent nach dem Thema Kommunikation und Kooperation am zweitstärksten vertreten ist: 47 der 55 untersuchten Universitäten bieten fachübergreifende Veranstaltungen zu diesem Thema an, welches die Kategorien *Fremdsprachen* und *Deutsch als Fremdsprache* umfasst.

Die Angebote an diesen 47 Universitäten werden von 51 SQ-Einheiten verantwortet, die sich häufig exklusiv mit diesem Themenbereich beschäftigen und die Zuständigkeit explizit im Namen tragen: Veranstaltungen aus dem Themenbereich *Sprachen* werden in der Regel von einem „Sprachzentrum", einem „Sprachlehrinstitut", einem „Zentrum für Fremdsprachen" oder ähnlichem angeboten. Das Angebot zum Erlernen von *Fremdsprachen* ist häufig sehr breit gefächert und umfasst nicht selten Kurse zu mehr als 20 unterschiedlichen Sprachen. Neben Englisch, Spanisch oder Französisch können Sprachen wie Koreanisch, Arabisch und Hebräisch erlernt werden.

Neben den *Fremdsprachen* ist der Inhalt *Deutsch als Fremdsprache* an den untersuchten Universitäten stark vertreten. Unter dem Titel „Deutsch als Fremdsprache" (häufig erweitert um den Zusatz „als Zweitsprache") versammeln sich sowohl Angebote zum Erlernen der deutschen Sprache für Personen, deren Muttersprache nicht Deutsch ist, als auch Angebote, die das Lehren von Deutsch als Fremd-/Zweitsprache thematisieren. In Veranstaltungen wie „Deutsch als Zweit- und Fremdsprache lernen und lehren – eine Einführung" erwerben Studierende grundlegende theoretische Kenntnisse und setzen diese im Rahmen einer Tätigkeit als Sprachlernunterstützung für Schüler*innen mit Flucht- und/oder Migrationshintergrund praktisch um.

In der Kategorie *Sonstiges* finden sich Angebote wie zum Beispiel Gebärdensprache, Lesen von englischen Texten oder Business English.

5.4.5 Management (in verschiedenen Bereichen)

Abbildung 11: Zusammenfassende Übersicht zum Thema Management (in verschiedenen Bereichen)

44 SQ-Einheiten, die an 38 Universitäten angesiedelt sind, bieten Veranstaltungen an, die allgemein mit dem Begriff *Management (in verschiedenen Bereichen)* überschrieben werden können – der Themenbereich ist somit an 69,1 Prozent der untersuchten Universitäten im fachübergreifenden Bereich vertreten.

Es ist zu beachten, dass sich die Teilbereiche, denen ein „-management" angehängt wird, inhaltlich deutlich voneinander unterscheiden: Das Angebot reicht von *Diversitymanagement* über *Kulturmanagement* und *Eventmanagement*, *Changemanagement* und *Innovationsmanagement* bis hin zu *Gesundheitsmanagement* und *Qualitätsmanagement*. Die jeweiligen Inhalte werden in einem vergleichsweise geringen Umfang an den SQ-Einheiten angeboten.

Eine Ausnahme bildet das *Projektmanagement*, das sich – bezogen auf die Anzahl der anbietenden SQ-Einheiten – deutlich von den anderen Inhalten abhebt: 39 der 44 SQ-Einheiten (entspricht einem Anteil von 88,6 Prozent) bieten Veranstaltungen zum Inhalt *Projektmanagement* an, wodurch die – zumindest angenommene – Relevanz für das Studium und das zukünftige Berufsleben deutlich wird. Bei Veranstaltungen wie „Grundlagen der Projektplanung" oder „Projektmanagement Grundwissen", handelt es sich den Veranstaltungsbeschreibungen zufolge vorwiegend um Einführungsveranstaltungen, in welchen grundlegende Methoden und Techniken des Projektmanagements an Beispielen umgesetzt und reflektiert werden.

Auffallend ist, dass sich die Ergebnisse der Onlinerecherche und der Onlineumfrage bei nahezu allen Inhalten außer dem *Projektmanagement* deutlich voneinander unterscheiden: So konnten über die Onlinerecherche beispielsweise nur fünf SQ-Einheiten identifiziert werden, die Veranstaltungen mit dem Inhalt *Diversitymanagement* anbieten; in der Onlineumfrage wurde hingegen fast dreimal so häufig angegeben, dass dieser Inhalt Gegenstand von SQ-Veranstaltungen sei. Ein noch deutlicheres Bild zeigt sich beim *Kulturmanagement*, das in der Onlinerecherche lediglich einmal identifiziert wurde, in der Onlineumfrage hingegen elf Nennungen hatte.

Die Diskrepanz zwischen Onlinerecherche und Onlinebefragung könnte darauf hindeuten, dass die Inhalte im Rahmen von Veranstaltungen mit anderem Schwerpunkt – und damit einhergehend unter anderem Titel – behandelt werden. Sie konnten daher über die Onlinerecherche nicht erfasst werden, während sie von den Befragten in der Onlineumfrage benannt wurden, da diesen die Inhalte ihrer Programme jenseits der Veranstaltungstitel und Beschreibungen bekannt sind. Ein Beispiel hierfür ist der bereits genannte Inhalt *Diversitymanagement*, der als Bestandteil von Veranstaltungen zur interkulturellen Handlungsfähigkeit thematisiert wird, aber nicht als eigene Veranstaltung mit dem Titel „Diversitymanagement" auftaucht.

5.4.6 Lern- und Arbeitstechniken

Abbildung 12: Zusammenfassende Übersicht zum Thema Lern- und Arbeitstechniken

43 von 160 Organisationseinheiten mit SQ-Bezug bieten Veranstaltungen zu *Lern- und Arbeitstechniken* an, die Studierende bei der Organisation und Bewältigung des Studiums unterstützen sollen. Diese 43 SQ-Einheiten sind an 38 Universitäten angesiedelt – der Themenbereich ist somit an 69,1 Prozent der näher untersuchten Universitäten vertreten. Die Inhalte reichen von *Zeitmanagement* über *Lernmanagement, Lesetechniken* und *Lernmotivation* bis hin zu *Prokrastination.*

Am häufigsten – nämlich an 36 der 43 SQ-Einheiten – werden Veranstaltungen zum *Zeitmanagement* angeboten, wie zum Beispiel „Gut geplant ist halb studiert – effektive Zeitplanung im Studium“ oder „Tipps und Tricks für ein effektives Zeitmanagement“.

Ebenso wie zum *Zeitmanagement* werden auch zum *Lernmanagement* und zu *Lesetechniken* auffallend oft Veranstaltungen zu Techniken angeboten, die dabei unterstützen sollen, das Studieren effizienter zu gestalten. Beispielhaft hierfür sind Veranstaltungen wie „Speedreading. Wie Sie Ihre Lesegeschwindigkeit verdoppeln können“ oder „Effizientes Lernen“.

Zum Inhalt *Lernmotivation* werden Veranstaltungen wie „Motiviert durch's Studium – Bekanntschaft mit dem inneren Schweinehund“ angeboten, in denen sich die Studierenden unter anderem mit Grundlagen der Motivationspsychologie beschäftigen und ihre eigenen Motivationsstrategien identifizieren und reflektieren.

In Veranstaltungen wie „Erste Hilfe für Aufschieber“ und „Netflix und Co. stehlen mir die Zeit! – Konzentrationstrategien“ liegt der Fokus auf dem Inhalt *Prokrastination*. Hier sollen Studierende in erster Linie dabei unterstützt werden, das eigene Aufschiebeverhalten zu reflektieren und individuelle, erfolgreiche Arbeitsstrategien zu entwickeln.

Auch in diesem Themenfeld werden in den Lehrveranstaltungen häufig verschiedene Inhalte miteinander kombiniert, wie beispielsweise *Lernmotivation* und *Zeitmanagement* als Teil eines Seminars zu Lerntechniken oder *Zeitmanagement* und *Prokrastination* als Bestandteil der Veranstaltung „Zeit- und Selbstmanagement“.

In der Kategorie *Sonstiges* finden sich vermehrt Veranstaltungen, die den Umgang mit bestimmten Prüfungsformen thematisieren, wie zum Beispiel „Multiple Choice Klausuren? Kein Problem“ oder „Klausuren mit offenen Fragen vorbereiten und bearbeiten“. Die Veranstaltungen sollen Studierende dabei unterstützen, Bearbeitungsstrategien für den jeweiligen Klausurtyp zu entwickeln und zu erproben. Des Weiteren beschäftigen sich einige Veranstaltungen mit Gedächtnistraining generell oder mit spezifischen Techniken wie der Mnemotechnik. Auch hier finden sich vorrangig Veranstaltungen, die betonen, dass das Studium durch die Nutzung bestimmter Techniken effizienter gestaltet werden kann.

5.4.7 Berufsorientierung und -einstieg

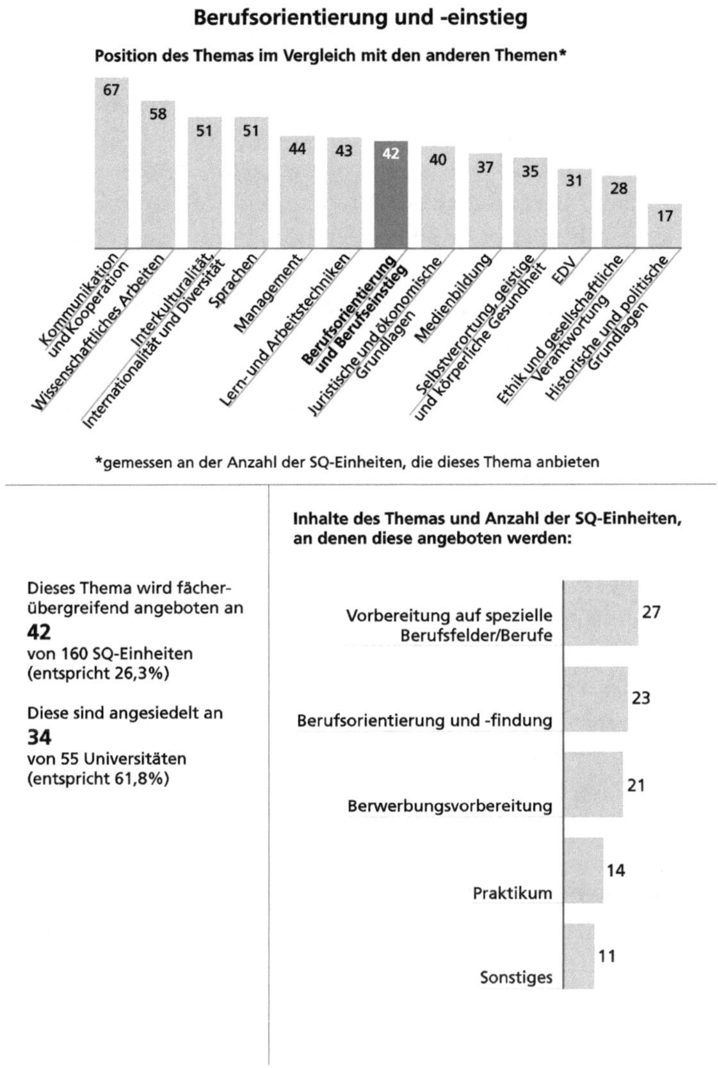

Abbildung 13: Zusammenfassende Übersicht zum Thema Berufsorientierung und -einstieg

42 SQ-Einheiten, die an 34 Universitäten angesiedelt sind, bieten Veranstaltungen zum übergeordneten Themenbereich *Berufsorientierung und Berufseinstieg* an. Das Thema wird somit an 61,8 Prozent der näher untersuchten Universitäten angeboten und gliedert sich in die Inhalte *Vorbereitung auf spezielle Berufsfelder/Berufe, Berufsorientierung und -findung, Bewerbungsvorbereitung* sowie *Praktikum.* Vorrangig geht es um das Aufzeigen und Ausprobieren von Berufs-

feldern sowie um die Reflexion der eigenen Fähigkeiten und bisheriger Erfahrungen.

Zum Inhalt *Vorbereitung auf spezielle Berufsfelder/Berufe* finden sich Veranstaltungen, die Einblicke in verschiedenste Berufsfelder bieten, zum Beispiel dem Journalismus in Hörfunk, Print und Onlinemedien. Besonders häufig konnten Angebote für Studierende des Lehramts identifiziert werden: Veranstaltungen wie „Gespräche im schulischen Alltag. Übungen zu Eltern- und Schülergesprächen“ oder „Reflexion, Beratung und Unterstützung von LehrerInnen per Kollegialer Beratung und Supervision“ sollen angehende Lehrkräfte auf den Beruf vorbereiten.

Die Veranstaltungen zur *Berufsorientierung und -findung* zielen vor allem darauf, die Studierenden dabei zu unterstützen, eigene Fähigkeiten und Stärken zu identifizieren und ihre Berufsbiografien eigenverantwortlich zu gestalten. Daran anknüpfend soll laut verschiedener Veranstaltungsbeschreibungen dazu angeregt werden, das eigene Profil zu stärken und die ersten Schritte des beruflichen Einstiegs aktiv zu planen.

Um die Studierenden bei der *Bewerbungsvorbereitung* zu unterstützen, werden zum einen Veranstaltungen angeboten, in denen es um konkrete praktische Hilfestellungen geht, wie zum Beispiel „Bewerbungstraining: Applications and Interviews“. Zum anderen gibt es Angebote, die den Studierenden Grundlegendes über Bewerbungsverfahren näherbringen, um die Prozesse der Personalauswahl verstehen und für sich nutzen zu können.

In die Kategorie *Praktikum* fallen sowohl berufsbezogene praktische Erfahrungen, die von den Studierenden ohne eine begleitende, dezidiert darauf zielende Lehre erworben werden, als auch angeleitete Praxiserfahrungen mit universitärer Vor- und Nachbereitung.

In der Kategorie *Sonstiges* finden sich vorrangig Angebote, die ganz allgemein zur Orientierung im Arbeitsleben beitragen sollen, wie beispielsweise „ ‚Ich hab’ Kuchen mitgebracht‘ – Die ersten 100 Tage im (neuen) Job“ oder „Knigge für Berufswelt und Jobmessen“. Inhalt dieser Veranstaltungen sind unter anderem konkrete Handlungsempfehlungen für die Arbeitswelt jenseits fachspezifischer und berufsfeldbezogener Anforderungen.

5.4.8 Juristische und ökonomische Grundlagen

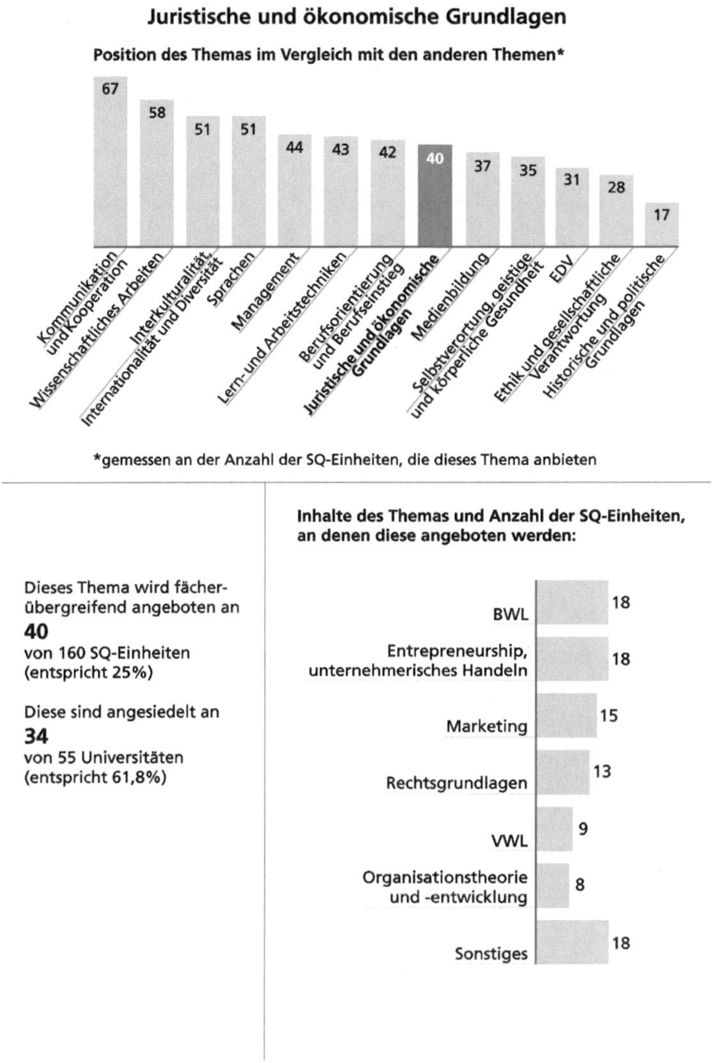

Abbildung 14: Zusammenfassende Übersicht zum Thema Juristische und ökonomische Grundlagen

40 der 160 Organisationseinheiten mit SQ-Bezug bieten Veranstaltungen zum Thema *Juristische und ökonomische Grundlagen* an. Dieser Themenbereich, der an 61,8 Prozent der untersuchten Universitäten im fachübergreifenden Bereich vertreten ist, umfasst die Kategorien *Betriebswirtschaftslehre (BWL), Entrepreneurship, Marketing, Rechtsgrundlagen, Volkswirtschaftslehre (VWL)* und *Organisationstheorie und -entwicklung.*

Der Bereich des *Entrepreneurship* beinhaltet Veranstaltungen wie „Wir gründen – von der Geschäftsidee zum Businessplan" oder „Mein eigenes Startup gründen" und ist im Angebot von 18 Organisationseinheiten mit SQ-Bezug zu finden. Dieser vergleichsweise ‚junge' Inhalt ist somit derjenige, der im Themenfeld *Juristische und ökonomische Grundlagen* mit am häufigsten angeboten wird.

Ebenso stark vertreten ist der Inhalt *BWL*. Hierzu finden sich in den SQ-Programmen vor allem Einführungsveranstaltungen in betriebswirtschaftliche Grundlagen wie beispielsweise die Veranstaltung „Grundlagen der BWL – Vom Businessplan bis zur Gründung". Ebenso werden im Bereich *Rechtsgrundlagen* vor allem Einführungen in spezifische juristische Teilgebiete, wie Medien-, Presse- und Urheberrecht angeboten.

Zum Inhalt *Marketing* werden vorrangig Veranstaltungen angeboten, die den Studierenden einen kompakten Überblick über Ziele, Strategien und Maßnahmen von Marketingkonzepten vermitteln sollen. Darüber hinaus gibt es Veranstaltungen, in denen zudem die einzelnen Instrumente praktisch erprobt werden.

Die Inhalte *VWL* und *Organisationstheorie und -entwicklung* sind nur in geringerem Maß in den Angeboten der SQ-Einheiten zu finden. Bei den angebotenen Veranstaltungen handelt es sich auch bei diesen Inhalten vorrangig um Einführungs- und Grundlagenveranstaltungen.

In der Kategorie *Sonstiges* finden sich unter anderem Veranstaltungen, die juristische und ökonomische Themen gezielt für fachfremde Studierende aufbereiten, wie „Kaufmännisches Denken für Nicht-Wirtschaftswissenschaftler/innen" oder „Rechtswissenschaft für Nichtjuristen".

5.4.9 Medienbildung

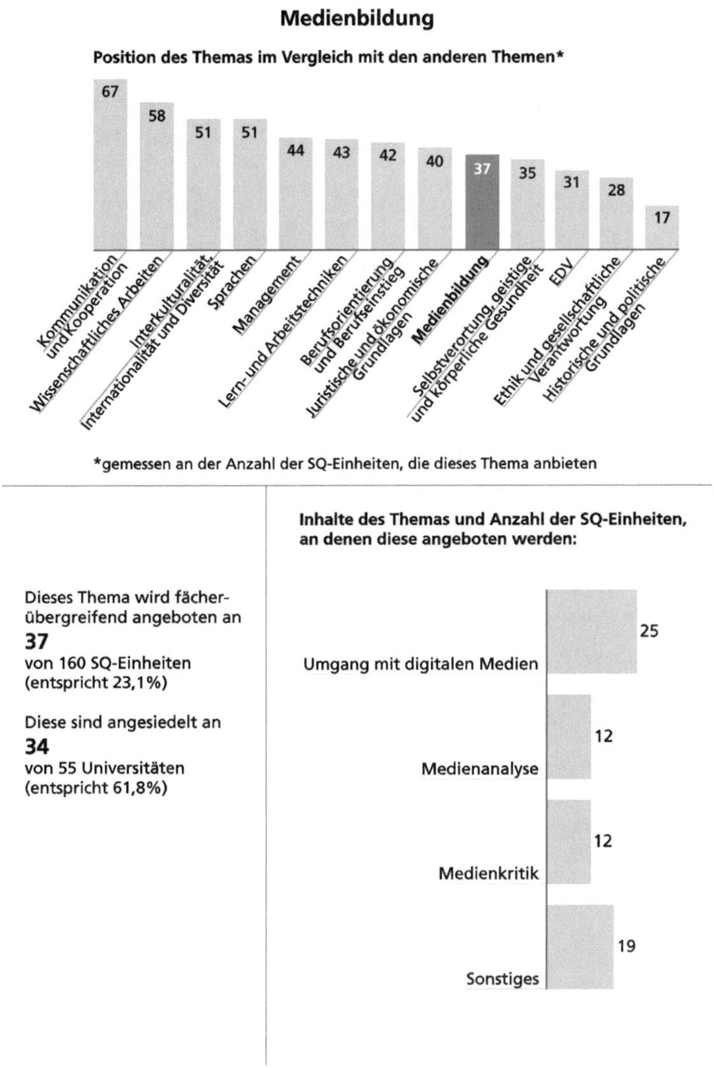

Abbildung 15: Zusammenfassende Übersicht zum Thema Medienbildung

Veranstaltungen, die dem Themenbereich *Medienbildung* zugeordnet werden können, werden von 37 SQ-Einheiten an 34 Universitäten im fachübergreifenden Bereich angeboten. Das Thema ist somit an 61,8 Prozent der untersuchten Universitäten vertreten und lässt sich in die Inhalte *Medienanalyse, Medienkritik* und *Umgang mit digitalen Medien* aufgliedern. Letztgenannter ist mit Abstand der am häufigsten identifizierte Inhalt. In diese Kategorie fallen Veranstaltungen, die vermehrt unter dem Schlagwort der „Digital Literacy“ verhandelt werden. Dazu gehören zum einen Veranstaltungen, die sich damit beschäftigen, wie die Aneignung digitaler Medien erfolgt und inwiefern deren Nutzung Einfluss auf die Gesellschaft hat. Zum anderen können diesem Inhalt Veranstaltungen wie „Social Media Management in der Praxis" zugeordnet werden, in denen konkrete Einsatzmöglichkeiten und Anwendungsfelder von sozialen Medien thematisiert werden. Ebenso fallen Veranstaltungen wie „Social Media Tools in Studium und Beruf" unter diesen Inhalt, welche die Studierenden dabei unterstützen sollen, Social Media Tools kompetent anzuwenden und beispielsweise für die Gestaltung einer individuellen Lernumgebung zu nutzen.

Die Inhalte *Medienanalyse* und *Medienkritik* werden in einer vergleichsweise geringen Anzahl – nämlich jeweils an zwölf SQ-Einheiten – angeboten. Veranstaltungen aus dem Bereich *Medienanalyse* thematisieren vorrangig gängige Methoden der Medienanalyse, die häufig anhand konkreter Anwendungsbeispiele (zum Beispiel Film oder Print) verdeutlicht und umgesetzt werden. Zum Inhalt *Medienkritik* konnten vor allem Veranstaltungen identifiziert werden, die sich mit Fake News befassen und diese in Veranstaltungen mit Titeln wie „Alternative Facts – Fake News – Verschwörungstheorien: Umgang mit einem neuen (?) Phänomen" kritisch betrachten.

Auffallend ist, dass die Kategorie *Sonstiges* verhältnismäßig groß und inhaltlich überaus divers ausfällt: Das Angebot reicht von Veranstaltungen wie „Von der Schallplatte zum Stream – Verschränkungen zwischen Musik, Technik und (Pop)kultur" über Veranstaltungen zum Datenschutz wie „Finger weg von meinen Daten! Tools zur Verschlüsselung" bis hin zu Hörspiel-Workshops.

5.4.10 Selbstverortung, geistige und körperliche Gesundheit

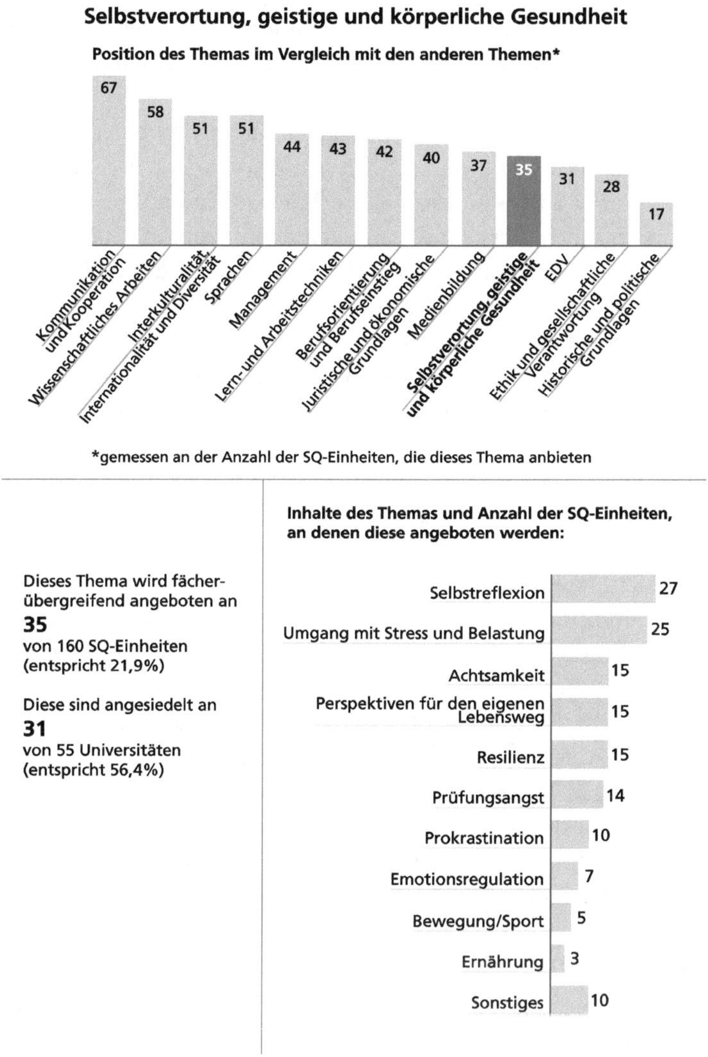

Abbildung 18: Zusammenfassende Übersicht zum Thema Selbstverortung, geistige und körperliche Gesundheit

35 der 160 SQ-Einheiten bieten Veranstaltungen aus dem Themenbereich *Selbstverortung, geistige und körperliche Gesundheit* an. Das Thema ist an 56,4 Prozent der untersuchten Universitäten im fachübergreifenden Bereich vertreten und umfasst die Inhalte *Selbstreflexion, Umgang mit Stress und Belastung,*

Achtsamkeit, Perspektiven für den eigenen Lebensweg, Resilienz, Prüfungsangst, Prokrastination,[33] *Emotionsregulation, Bewegung/Sport* und *Ernährung.* Die beiden letztgenannten – die körperliche Gesundheit betreffenden Kategorien – sind in den SQ-Angeboten deutlich seltener vertreten als Angebote zur geistigen Gesundheit und zur Selbstverortung.

Im Bereich Selbstverortung und geistige Gesundheit werden am häufigsten Veranstaltungen angeboten, die zur *Selbstreflexion* anregen sollen. Veranstaltungen wie „Wer will ich sein, wo will ich hin?" sollen dazu beitragen, sich mit der eigenen Persönlichkeitsstruktur und damit einhergehend mit eigenen Begabungen und Überzeugungen auseinanderzusetzen, um Klarheit über die eigene Person und Zielausrichtung zu gewinnen.

Neben Angeboten zur *Selbstreflexion* finden sich in den SQ-Programmen zu diesem Themenbereich vor allem Veranstaltungen, die dabei unterstützen sollen, Herausforderungen des Studiums sowie allgemeine Herausforderungen des Lebens zu bewältigen. Zum Inhalt *Prüfungsangst* werden Veranstaltungen wie „Prüfungen ohne Stress meistern" angeboten, zum *Umgang mit Stress und Belastung* Veranstaltungen wie „Kein Stress! Gelassener in Alltag und Beruf".

Da die Kategorien inhaltlich eng miteinander verbunden sind, gibt es diverse Veranstaltungen, in denen mehrere der Inhalte miteinander kombiniert werden: In Veranstaltungen, wie „Gelassen durch stürmische Zeiten (Krisen meistern und Ängste bewältigen)" geht es neben dem *Umgang mit Stress und Belastung* ebenso um *Resilienz* und um *Perspektiven für den eigenen Lebensweg.*

Das Vorkommen dieser Inhalte konnte hauptsächlich über den Onlinefragebogen erfasst werden – in der Onlinerecherche konnten deutlich weniger Hinweise auf diesen Themenbereich identifiziert werden. Ein Erklärungsansatz für die Diskrepanz zwischen den Ergebnissen der Onlineumfrage und der Onlinerecherche ist, dass diese – häufig als sensibel wahrgenommenen – Themen unter anderen Titeln beziehungsweise integriert in andere Veranstaltungen, beispielsweise zum Thema Lern- und Arbeitstechniken, vermittelt werden. Folglich konnten diesem Themenbereich im Rahmen der Onlinerecherche, bei

---

33 Der Inhalt *Prokrastination* wurde sowohl dem Themenbereich *Lern- und Arbeitstechniken* als auch dem Thema *Selbstverortung, geistige und körperliche Gesundheit* zugeordnet, da es sich hierbei um ein Querschnittsthema handelt: Prokrastination kann sowohl als Phänomen mit Einfluss auf die geistige Gesundheit betrachtet werden als auch als eine durch Lern- und Arbeitstechniken bewältigbare Herausforderung im Studienalltag.
Die Angaben zur Anzahl der SQ-Einheiten, die Veranstaltungen zum Inhalt *Prokrastination* anbieten, weichen in den beiden Themenbereichen voneinander ab. Diese unterschiedlichen Angaben lassen sich dadurch erklären, dass die Unterkategorien in der Onlinebefragung durch eine Filterfrage erfasst wurden und die thematische Zuordnung zum Überthema von den ausfüllenden Personen somit vorab vorgenommen wurde. Die recherchierten Veranstaltungen zum Inhalt *Prokrastination* wurden den Themen nach Betrachtung der Veranstaltungsbeschreibungen zugeordnet.

der häufig nur Veranstaltungstitel und keine Beschreibungen vorlagen, deutlich seltener Veranstaltungen zugeordnet werden.

In der Kategorie *Sonstiges* finden sich weitere verschiedenste Veranstaltungen, zum Beispiel zur Persönlichkeitsentwicklung wie „Selbst-Coaching. Seminar zur Entfaltung der eigenen Potentiale“ und „Professionelle Persönlichkeitsförderung“ oder allgemeinere Angebote wie „Studieren mit guter Work-Life-Balance“.

5.4.11 EDV

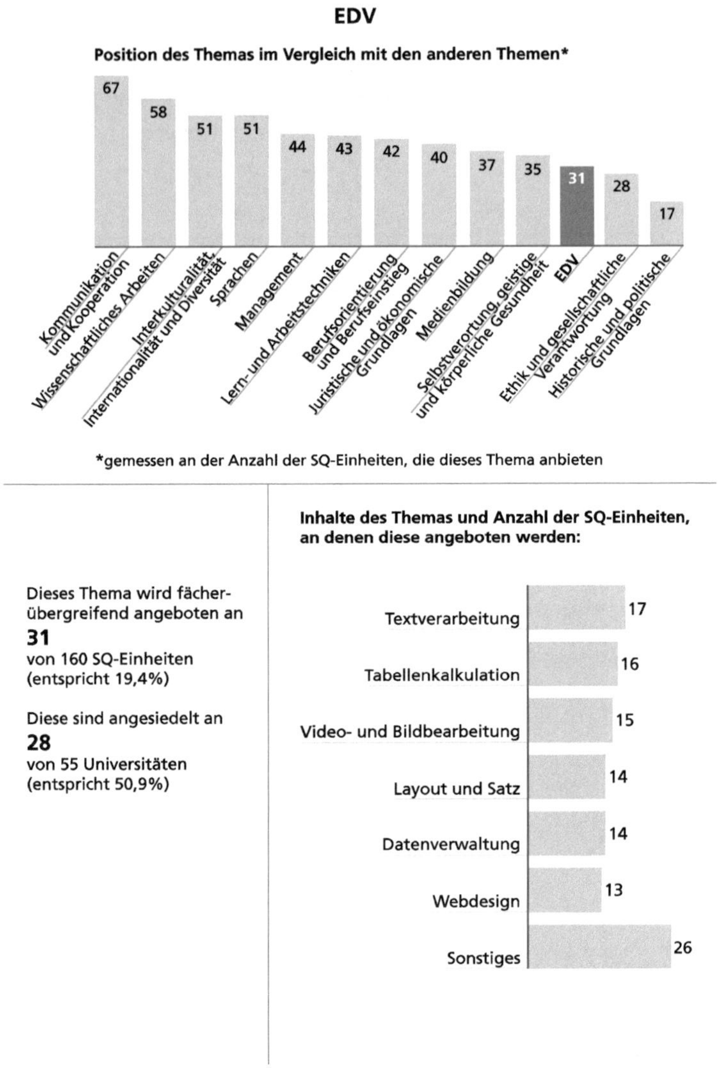

Abbildung 17: Zusammenfassende Übersicht zum Thema EDV

Zum Thema *EDV* bieten 31 Organisationseinheiten mit SQ-Bezug an 28 Universitäten Veranstaltungen an – das Thema ist somit an 50,9 Prozent der untersuchten Universitäten im fachübergreifenden Bereich vertreten.

Die Inhalte *Textverarbeitung, Tabellenkalkulation, Video- und Bildbearbeitung, Layout und Satz, Datenverwaltung* und *Webdesign* sind hier nahezu gleich verteilt.

In diesen Themenbereich fallen vor allem Veranstaltungen, die die Anwendung von konkreter Software behandeln, beispielsweise „Adobe Photoshop – Grundlagen intensiv" zur *Video- und Bildbearbeitung*, „Einführung in die Datenbankverwaltung – Arbeiten mit Microsoft Access" zur *Datenverwaltung* oder „Korrekte Datenauswertung wissenschaftlicher Fragestellungen mit Hilfe von Excel" zur *Tabellenkalkulation*.

Bei den meisten Veranstaltungen steht den Veranstaltungsbeschreibungen zufolge weniger der reflektierte Umgang als vielmehr die rein technische Anwendung der Software im Vordergrund. Ein Beispiel hierfür ist die Veranstaltung „Erstellen wissenschaftlicher Arbeiten mit Word", in der es laut Veranstaltungsbeschreibung nicht um die Verknüpfung der Technik mit dem wissenschaftlichen Erkenntnisprozess, sondern um Anwendungswissen zu beispielsweise Formatierung, Layout und dem Arbeiten mit Dokumentvorlagen geht. Derartige Veranstaltungen wurden aus diesem Grund dem Thema *EDV* und nicht dem Themenbereich Wissenschaftliches Arbeiten zugeordnet. Ebenso verhält es sich bei Veranstaltungen, wie „Erstellen von Präsentationen mit PowerPoint", die die Anwendung von PowerPoint thematisieren, nicht aber die persönliche Kommunikationsfähigkeit. Daher wurden diese Veranstaltungen nicht dem Thema Kommunikation und Kooperation (Präsentieren), sondern dem Thema *EDV* (*Sonstiges*) zugeordnet.

Zum Inhalt *Webdesign* finden sich zum einen Veranstaltungen, die sich mit der Konzeption von Websites beschäftigen, zum anderen Veranstaltungen wie „Dynamische Webseiten mit PHP", die in Programmiersprachen einführen, um Websites selbst zu gestalten.

Die Kategorie *Sonstiges* fällt auffallend groß aus. Sie umfasst unter anderem Veranstaltungen, in denen die Anwendung weiterer spezifischer Software – wie zum Beispiel Matlab – oder verschiedener Programmiersprachen – zum Beispiel C++ oder Java – im Mittelpunkt stehen. Des Weiteren finden sich in dieser Kategorie Angebote für spezielle Zielgruppen, wie „Einführung in Windows 10 für blinde und sehbehinderte Studierende".

Verantwortet werden die Veranstaltungen in diesem Bereich häufig von Einrichtungen, die einen klaren Technikbezug aufweisen, wie etwa Medien- und Rechenzentren.

5.4.12 Ethik und gesellschaftliche Verantwortung

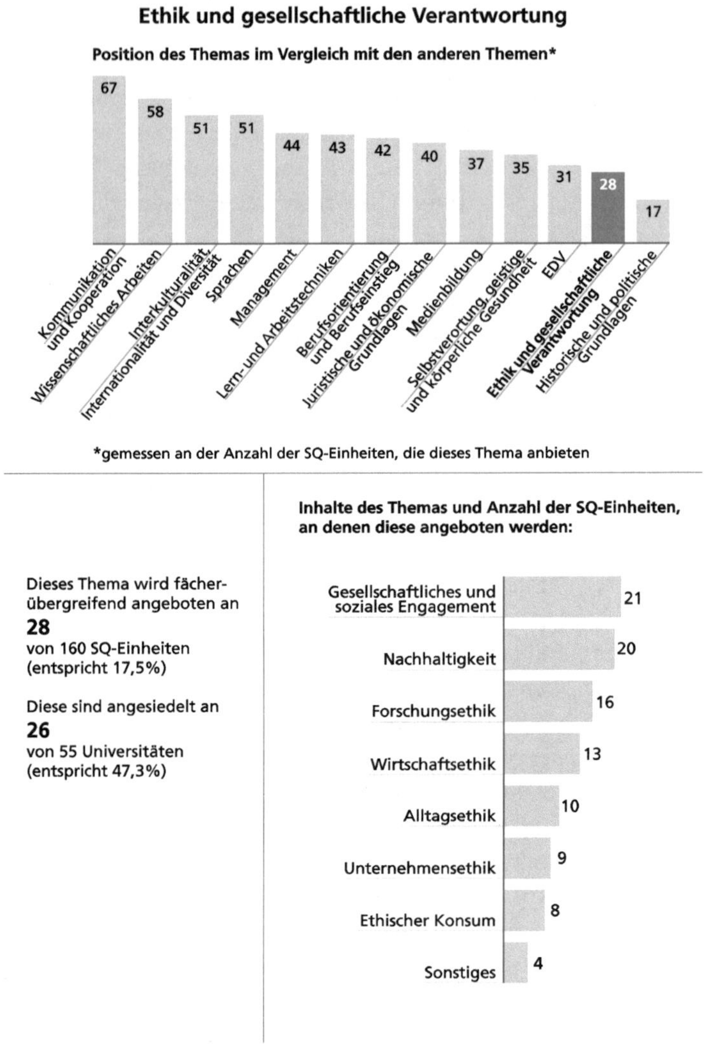

Abbildung 18: Zusammenfassende Übersicht zum Thema Ethik und gesellschaftliche Verantwortung

28 der 160 SQ-Einheiten bieten Veranstaltungen zum Thema *Ethik und gesellschaftliche Verantwortung* an. Diese 28 Einheiten sind an 26 Universitäten angesiedelt – das Thema ist somit an 47,3 Prozent der untersuchten Universitäten im fachübergreifenden Bereich vertreten.

Am häufigsten konnten Veranstaltungen zum Inhalt *Gesellschaftliches und soziales Engagement* identifiziert werden. Ein Blick in die Veranstaltungsprogramme zeigt, dass sich Veranstaltungen mit diesem Inhalt häufig auf die Arbeit mit geflüchteten Menschen beziehen. Diese werden vermehrt in Form von Service Learning-Projekten umgesetzt, in denen ehrenamtliches Engagement mit theoretischen Lerninhalten verknüpft wird: Im Rahmen dieser Projekte engagieren sich die Studierenden zum einen gemeinnützig in der Flüchtlingshilfe, zum anderen beschäftigen sie sich im Rahmen von universitären Begleit- und Reflexionsveranstaltungen theoretisch mit den entsprechenden Inhalten und Fragestellungen.

Neben dem Inhalt *Gesellschaftliches und soziales Engagement* finden sich am häufigsten Angebote zum Inhalt *Nachhaltigkeit* in den Programmen der SQ-Einheiten. In Veranstaltungen wie „Nachhaltige Entwicklung" setzen sich die Studierenden mit grundlegenden Theorien sowie mit nachhaltigkeitsrelevanten Forschungs- und Handlungsfeldern auseinander.

Des Weiteren werden verschiedenste Inhalte wie *Forschung*, *Alltag*, *Konsum* oder *Wirtschaft* unter ethischen Gesichtspunkten betrachtet, zum Beispiel in Veranstaltungen wie „Ethik und Verantwortung. Eine Einführung in die Bioethik für Studierende der Naturwissenschaften" oder „Global Standards of Corporate Social Responsibility".

Auch in diesem Themenfeld fällt auf, dass sich die Ergebnisse der Onlinerecherche und der Onlineumfrage bei einigen Inhalten deutlich voneinander unterscheiden: So konnten über die Umfrage beispielsweise doppelt so viele SQ-Einheiten identifiziert werden, die Veranstaltungen zum Inhalt *Forschungsethik* anbieten als über die Onlinerecherche. Ein noch deutlicheres Bild zeigt sich beim Inhalt *Wirtschaftsethik*, der über die Onlinerecherche nur einmal identifiziert werden konnte, in der Onlineumfrage hingegen zwölf Mal genannt wurde. Auch hier ist – ebenso wie beim Thema Management – zu vermuten, dass die Inhalte im Rahmen von Veranstaltungen mit anderem Schwerpunkt – und damit einhergehend unter anderem Titel – behandelt werden.

5.4.13 Historische und politische Grundlagen

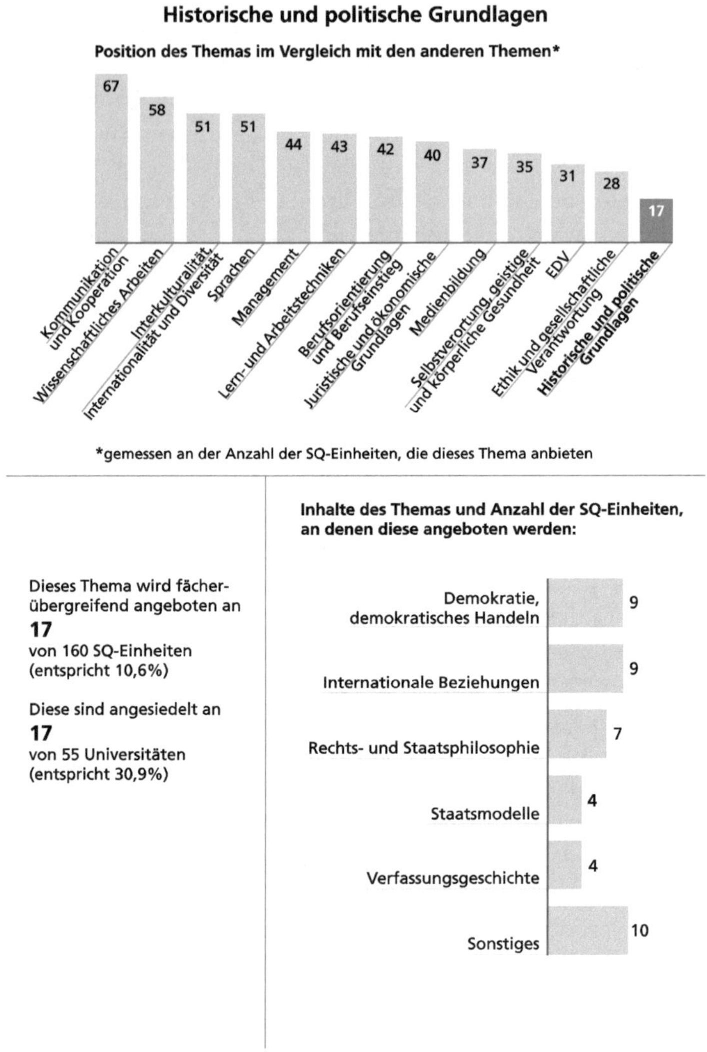

Abbildung 19: Zusammenfassende Übersicht zum Thema Historische und politische Grundlagen

Historische und politische Grundlagen werden im Vergleich zu den anderen Themen im fachübergreifenden Bereich in sehr geringerem Maß behandelt: Nur 17 der 160 SQ-Einheiten bieten Veranstaltungen zu diesem Themenbereich an. Diese 17 SQ-Einheiten sind an 17 Universitäten angesiedelt – das Thema ist somit an 30,9 Prozent der untersuchten Universitäten im fachübergreifenden Bereich vertreten und umfasst die Inhalte *Demokratie/demokra-*

tisches Handeln, Internationale Beziehungen, Rechts- und Staatsphilosophie, Staatsmodelle und *Verfassungsgeschichte.*

Am häufigsten werden Veranstaltungen zu den Inhalten *Internationale Beziehungen* sowie *Demokratie/demokratisches Handeln* angeboten. Letztgenannter Inhalt ist beispielsweise mit Veranstaltungen wie „Finde deine politische Stimme!“ in den SQ-Angeboten vertreten, welche die Studierenden dabei unterstützen sollen, eine aktive und demokratisch-orientierte politische Rolle einnehmen zu können.

Die Inhalte *Rechts- und Staatsphilosophie, Staatsmodelle* und *Verfassungsgeschichte* mit Veranstaltungen wie „Ethik des Rechts (Einführung in die Rechtsphilosophie)“, finden sich in sehr geringem Umfang in den Angeboten der SQ-Einheiten.

In der Kategorie *Sonstiges* befinden sich beispielsweise Veranstaltungen, die politikbezogene Fragestellungen in Bezug zu Bereichen wie Wissenschaft, Wirtschaft und Gesellschaft setzen und in die jeweiligen Inhalte einführen.

Nachdem nun zunächst die Ergebnisse zu den Themen und Inhalten dargestellt wurden, die von den SQ-Einheiten an deutschen Universitäten angeboten werden, wird im Folgenden eine Typologie von SQ-Anbietern aufgezeigt.

5.5 Welche Typen von Schlüsselqualifikationsanbietern gibt es?

Um die Anbieter von Schlüsselqualifikationen an deutschen Universitäten zu systematisieren, wurden drei Unterscheidungsdimensionen herausgearbeitet: Neben der bereits erwähnten Dimension, ob SQ-Anbieter zentral oder dezentral angesiedelt sind, lassen sie sich hinsichtlich der Frage unterscheiden, an welche Zielgruppe sich ihre Angebote richten – also ob die Veranstaltungen sich an einen spezifischen Studienbereich richten oder ob das Angebot für mehrere Studienbereiche, und damit in der Regel sogar für alle Studierenden, geöffnet ist.

Ein weiteres Unterscheidungsmerkmal ist, welche organisatorischen Aufgabenbereiche die SQ-Anbieter übernehmen: Werden Lehrveranstaltungen von eigenem, in diesem Bereich auch formal qualifizierten Personal konzipiert und gehalten? Und/oder besteht die Aufgabe in der Rekrutierung von Lehrbeauftragten, die die Veranstaltungen durchführen? Und/oder handelt es sich vielmehr um eine Koordinationsstelle? Die Aufgaben dieser Koordinationsstellen können wiederum sehr unterschiedlich ausfallen: Die Zuständigkeiten reichen von der Koordination loser universitätsinterner Netzwerke über die Darstellung der universitätsweiten SQ-Angebote in einem gemeinsamen Programm oder auf einer gemeinsamen Plattform bis hin zur inhaltlichen Abstimmung oder gar der Entwicklung von gemeinsamen SQ-Veranstaltungen beispielsweise in Kooperation mit den Fachbereichen.

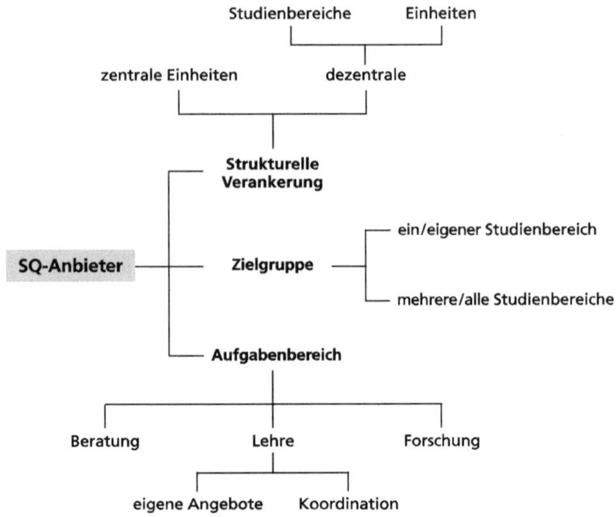

Abbildung 20: Unterscheidungsdimensionen von SQ-Anbietern im Rahmen der Typenbildung

Bezöge man tatsächlich alle drei Merkmale – strukturelle Verankerung, Zielgruppe und Aufgabenbereich – ein, erhielte man so viele Typen wie es Fälle gibt. Insbesondere die Frage, welche Aufgabenbereiche von den SQ-Anbietern an den jeweiligen Universitäten übernommen werden, ist derart individuell gelöst, dass eine Typenbildung – und damit einhergehend eine Komplexitätsreduktion – kaum möglich ist. Da dann vielmehr Einzelfallportraits denn eine Typisierung angemessen wären und zudem bei vielen Universitäten keine Daten bezüglich der Aufgaben der SQ-Anbieter erhoben werden konnten, konzentriert sich die folgende Typologie auf die beiden Merkmale „strukturelle Verankerung“ und „Zielgruppe“. Bezieht man ausschließlich diese Merkmale ein, lassen sich theoretisch immer noch dutzende Varianten bilden. Aus dieser Fülle wurden im Sinne der Komplexitätsreduktion auf Basis der Ergebnisse fünf Idealtypen gebildet.

Wie im Forschungsdesign beschrieben erfolgte die Typenbildung in Anlehnung an Kelle und Kluge (2010, S. 85 ff.).[34] Zunächst wurde das Merkmal der „Strukturellen Verankerung“ mit den Dimensionen „zentrale Einheit/en“, „dezentrale Einheit/en“ und „Studienbereich/e“ sowie deren Kombinationsmöglichkeiten betrachtet. Bereits für dieses Merkmal ergaben sich rein rechnerisch acht potenzielle Möglichkeiten, die zunächst auf ihre Logik und den inhaltli-

34 Zum methodologischen Hintergrund der Typenbildung vgl. Kapitel 4.3.

chen Sinnzusammenhang geprüft wurden. In diesem Zuge wurde die Variante „keine SQ-Anbieter“ ausgeschlossen, da dies bedeuten würde, dass an einer Universität keine SQ-Angebote vorhanden sind – was zumindest laut den Bologna-Richtlinien nicht vorgesehen ist. Die sieben verbleibenden Kombinationsmöglichkeiten wurden mit dem Merkmal „Zielgruppe“ und den dazugehörigen Dimensionen „Studierende aus mehreren/allen Studienbereichen“ und „Studierende aus einem – nämlich dem eigenen – Studienbereich“ in Beziehung gesetzt und abermals auf ihren logischen und inhaltlichen Sinnzusammenhang geprüft. In einem finalen Schritt wurden die Kombinationsmöglichkeiten entsprechend der Maßgaben der internen Homogenität und externen Heterogenität[35] auf fünf Idealtypen reduziert.

Im Folgenden werden diese fünf Idealtypen dargestellt und hinsichtlich ihrer Merkmale beschrieben.

Eine mögliche Ausgestaltung der Typen – also welcher Anbieter welche Art von Veranstaltungen für welche Zielgruppe entwickelt und anbietet – wird anhand von Beispielen verdeutlicht. Diese sind entweder direkt aus den empirischen Daten entnommen oder von diesen inspiriert. Zusätzlich zu den Beispielen wurden die fünf Typen hinsichtlich des Merkmals der strukturellen Verankerung visualisiert. Inspiriert durch ihr optisches Erscheinungsbild wurden Metaphern aus der Welt der Astronomie gewählt, um die Typen zu veranschaulichen und einprägsamer zu machen.

35 Vgl. Kapitel 4.3.

5.5.1 Typ Neutronenstern

Ein Neutronenstern ist ein sehr kompaktes astronomisches Objekt. Es besteht fast ausschließlich aus Neutronen und steht hier im übertragenen Sinn für eine Verortung sämtlicher Anbieter im zentralen Bereich.

Abbildung 21: Neutronenstern

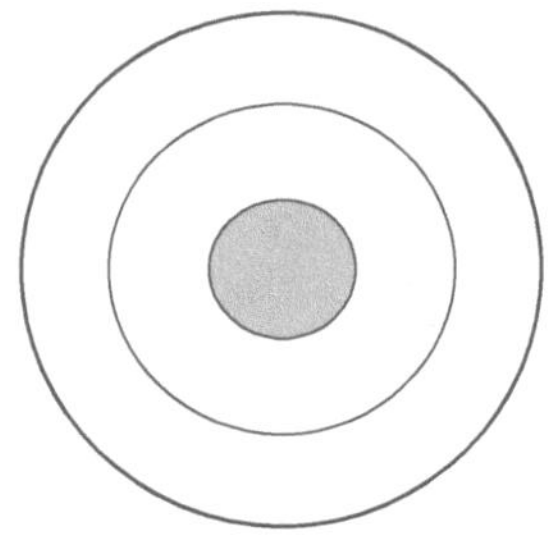

Abbildung 22: Abstrakte Darstellung Typ Neutronenstern

Strukturelle Verankerung

Das gesamte SQ-Angebot wird von einer oder mehreren zentralen Einheit/en verantwortet. Weder von dezentralen Einheiten noch von den Studienbereichen werden Schlüsselqualifikationen angeboten.

Zielgruppe

Das Angebot richtet sich an Studierende aller Studienbereiche.

Beispiele

Das gesamte SQ-Angebot wird von einem einzigen SQ-Zentrum verantwortet. Dessen Angebot beinhaltet zum einen Veranstaltungen, die für spezielle Studienbereiche entwickelt werden – wie etwa „Projektmanagement für Studierende der Informatik“ oder „Teamarbeit für Architekt*innen“. Genauso enthält sein Programm Veranstaltungen, die für alle Studierenden – unabhängig vom Studienbereich – konzipiert sind, wie etwa „Stress- und Zeitmanagement“ oder „Lern- und Arbeitstechniken“. Auch Veranstaltungen, in die Studierende verschiedenster Studienbereiche kooperativ ihr Fachwissen und ihre Fähigkeiten einbringen und reflektieren, sind hier angesiedelt – zum Beispiel im Rahmen von Service Learning-Programmen.

Ein weiteres Beispiel für diesen Typus ist ein SQ-Angebot, das von mehreren zentralen Einheiten bereitgestellt wird: Neben einem SQ-Zentrum bieten auch ein Sprachzentrum und ein Career Service SQ-Kurse an.

5.5.2 Typ Saturn

Der Saturn als astronomisches Objekt gehört zu den Planeten. Er ist vor allem für das ausgeprägte Ringsystem bekannt, das ihn umgibt. Er steht hier im übertragenen Sinn für eine Verortung der Anbieter sowohl im zentralen als auch im ‚äußeren' Bereich.

Abbildung 23: Saturn

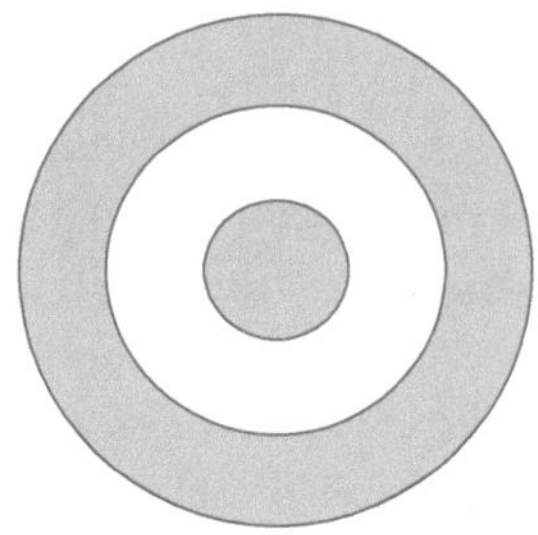

Abbildung 24: Abstrakte Darstellung Typ Saturn

Strukturelle Verankerung

Schlüsselqualifikationen werden sowohl von einer oder mehreren zentralen Einheit/en sowie von den Studienbereichen angeboten. Es gibt keine dezentralen Einheiten, die ein SQ-Angebot bereitstellen.

Zielgruppe

Die zentralen SQ-Anbieter richten ihr Programm an alle Studierenden. Das Angebot der Studienbereiche ist in der Regel nur für Studierende des eigenen Bereichs geöffnet.

Beispiele

Die zentral angesiedelten Einheiten „Sprachzentrum“ und „Akademie für Schlüsselkompetenzen“ bieten SQ-Veranstaltungen für Studierende aller Studienbereiche an.

Eine Mehrzahl der Studienbereiche sieht für ihre Studierenden die Nutzung dieses zentralen Angebots vor, während manche Studienbereiche eigene Veranstaltungen vorhalten.

Einige engagieren – beispielsweise speziell für das jeweilige Thema ausgebildete – Lehrbeauftragte wie etwa Schreib- oder Präsentationstrainer*innen. In anderen Studienbereichen begeistern sich Fachdozierende für spezielle SQ-Themen wie beispielsweise die Wissenschaftskommunikation und integrieren diese in die eigenen Fachveranstaltungen. Wiederum andere erkennen das Halten von Vorträgen oder die Teamarbeit im Seminar als Schlüsselqualifikationen an.

Manche der Studienbereiche kooperieren wiederum mit den zentralen Einheiten, um SQ-Themen mit fachspezifischem Zuschnitt zu entwickeln. So entsteht beispielsweise aus der Zusammenarbeit der Fakultät Maschinenbau und dem Sprachzentrum der Kurs „English for Engineers“. Die Fakultät für Medizin entwickelt gemeinsam mit den Kommunikationswissenschaftler*innen der Akademie für Schlüsselkompetenzen den Kurs „Patientenzentrierte Kommunikation“.

5.5.3 Typ Krebsnebel

Der Krebsnebel ist ein Überrest einer Sternenexplosion. Optisch auffällig ist er, da er zur Mitte hin immer heller wird und vor allem vielfältige Strukturen in den mittleren und äußeren Bereichen sichtbar sind. Daher steht er hier im übertragenen Sinn für eine Verortung der Anbieter jenseits des Zentrums.

Abbildung 25: Krebsnebel

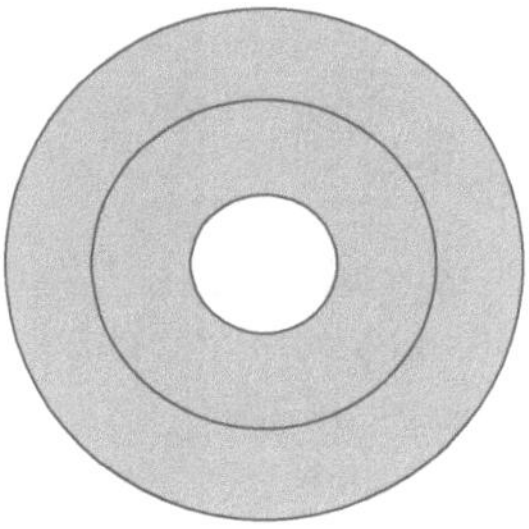

Abbildung 26: Abstrakte Darstellung Typ Krebsnebel

Strukturelle Verankerung

Das gesamte SQ-Angebot wird von dezentralen Einheiten und von den Studienbereichen verantwortet. Zentrale SQ-Anbieter gibt es nicht.

Zielgruppe

Das Angebot der dezentralen Einheit/en beschränkt sich nicht auf Studierende eines Studienbereichs, es werden immer Studierende mehrerer Studienbereiche adressiert.

Das Angebot der Studienbereiche ist in der Regel nur für Studierende des eigenen Bereichs geöffnet.

Beispiele

Die Fakultät für Germanistik hat mit der „Schreibwerkstatt“ eine dezentrale Einheit geschaffen, die nicht nur Angebote für Germanistik-Studierende entwickelt, sondern auch für Studierende anderer Studienbereiche – wie etwa die Veranstaltung „Wissenschaftliches Schreiben für Studierende der Natur- und Ingenieurwissenschaften“.

Zudem gibt es ein „Centre for Entrepreneurship“ an der Fakultät für Wirtschaftswissenschaften, das allen Studierenden offensteht und Kurse wie „Gründen leicht gemacht“ oder „Social Entrepreneurship“ anbietet.

Außerdem organisieren die Studienbereiche selbst SQ-Veranstaltungen für ihre Studierenden: Die Fakultät für Maschinenbau bietet ein Projektstudium an, in dessen Rahmen auch Zeitmanagement, Präsentations- und Schreibtechniken vermittelt werden. Der Studiengang Pädagogik (an der Fakultät für Geistes- und Sozialwissenschaften) bietet den Kurs „Berufsorientierung für angehende Pädagog*innen“ an.

5.5.4 Typ Supernova 0509

Als Supernova wird die Explosion eines massenreichen Sterns bezeichnet. Optisch ist sie noch lange Zeit nach der eigentlichen Explosion als leuchtender, farbenprächtiger Nebel wahrnehmbar. Der Nebel der Supernova 0509 ist als klar erkennbarer, rot leuchtender Ring – ohne Füllung – sichtbar. Daher steht die Supernova 0509 hier im übertragenen Sinn für eine Verortung der Anbieter im ‚äußeren' Bereich.

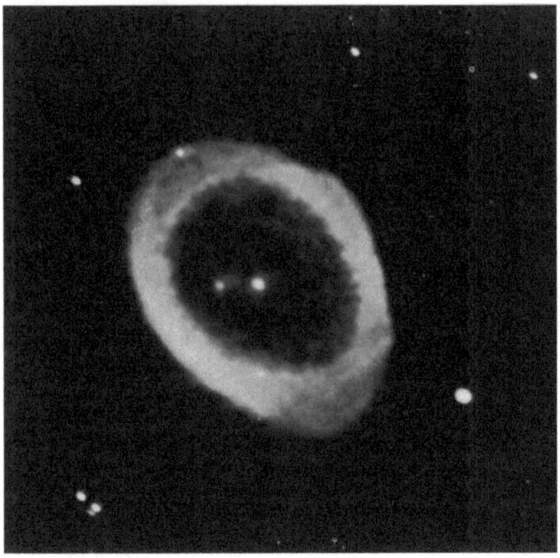

Abbildung 27: Supernova 0509

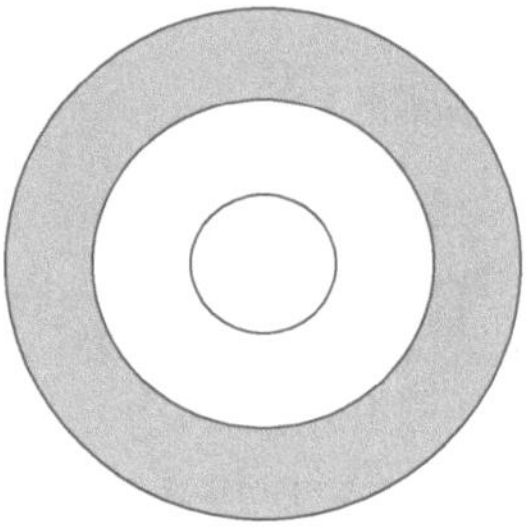

Abbildung 28: Abstrakte Darstellung Typ Supernova 0509

Strukturelle Verankerung

Das gesamte SQ-Angebot wird ausschließlich fachimmanent von den einzelnen Studienbereichen verantwortet. Es gibt weder dezentrale noch zentrale Einheiten, die Schlüsselqualifikationen anbieten.

Zielgruppe

Das Angebot der Studienbereiche richtet sich in der Regel ausschließlich an die eigenen Studierenden.

Beispiele

Alle Studienbereiche organisieren eigene Angebote: Der Studienbereich Ingenieurwissenschaften engagiert Lehrbeauftragte für einzelne SQ-Veranstaltungen, zum Beispiel Kommunikationstrainer*innen für Präsentationskurse, Expert*innen aus der Praxis für berufsorientierende Veranstaltungen, Schreibtrainer*innen für einen Kurs zum Verfassen von Abschlussarbeiten etc.

Im Studienbereich Physik bilden sich Dozierende aus dem Fach im SQ-Bereich weiter und bringen diese Expertise in ihre regulären Lehrveranstaltungen ein. Schlüsselqualifikationen sind in diesem Fall Teil der Fachveranstaltung. Zusätzlich werden Lehrbeauftrage engagiert.

In der Fakultät für Geistes- und Sozialwissenschaften wird ehrenamtliches Engagement, in den Wirtschaftswissenschaften das verpflichtende Berufspraktikum als SQ-Leistung anerkannt.

5.5.5 Typ Roter Riese

Ein roter Riese ist ein leuchtkräftiger Stern von sehr großer Ausdehnung. Das kompakte Zentrum wird von einer großen Hülle umschlossen; der Zwischenraum ist mit Gasmasse gefüllt. Optisch handelt es sich aufgrund seiner großen Oberfläche um einen Stern mit großer absoluter Helligkeit. Er steht hier im übertragenen Sinn für eine Verortung der Anbieter in allen Bereichen.

Abbildung 29: Roter Riese

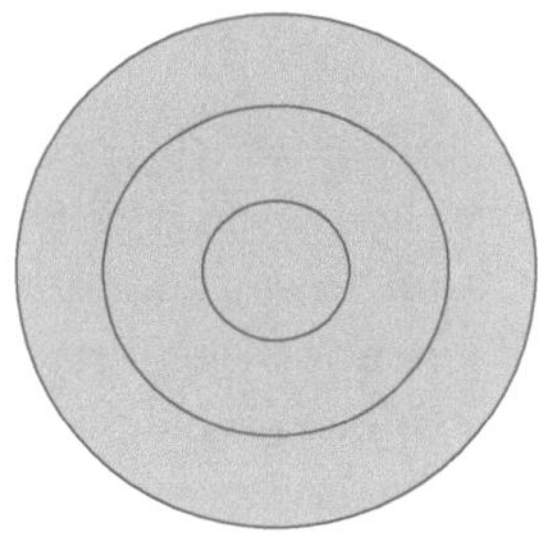

Abbildung 30: Abstrakte Darstellung Typ Roter Riese

Strukturelle Verankerung

Schlüsselqualifikationen werden sowohl von einer oder mehreren zentralen Einheit/en als auch von einer oder mehreren dezentralen Einheit/en sowie von den Studienbereichen angeboten.

Zielgruppe

Die zentralen SQ-Anbieter richten ihr Programm an alle Studierenden. Die Angebote der dezentralen Einheit/en adressieren Studierende mehrerer oder aller Studienbereiche. Manche Studienbereiche öffnen ihre Veranstaltungen ebenfalls für andere Studierende; einzelne Studienbereiche bieten Schlüsselqualifikationen nur für Studierende des eigenen Bereichs an.

Beispiele

Die zentral angesiedelten Einheiten „Sprachzentrum" und „Career Service" bieten SQ-Veranstaltungen für Studierende aller Studienbereiche an. Die dezentralen Einheiten „Schreibwerkstatt" und „Centre for Entrepreneurship" sowie die Studienbereiche stellen ihre Angebote in einem gemeinsamen Programm dar, aus dem die Studierenden SQ-Veranstaltungen wählen können. Eine Ausnahme bildet die Fakultät für Rechtswissenschaft: Sie entwickelt selbst SQ-Veranstaltungen für ihre Studierenden, wie „Einführung in die Mediation – konstruktive Konfliktlösung" und „Grundlagen des Debattierens". Die Studierenden der Rechtswissenschaft können ihre SQ-Leistungen nur studienbereichsintern erwerben und nicht aus dem gemeinsamen Programm wählen.

5.6 Exkurs

5.6.1 Weitere Ergebnisse aus der Onlinebefragung

Wie in Kapitel 4.2 beschrieben wurden zunächst nur die Teile der Onlinebefragung für die Auswertung berücksichtigt, zu denen im Rahmen der Onlinerecherche ebenfalls Daten ermittelt werden konnten. Die bisher nicht berücksichtigten Daten sind zwar nicht in gleichem Maß generalisierbar, zeigen aber dennoch interessante Tendenzen auf und verdeutlichen einmal mehr die Diversität der SQ-Landschaft. Daher werden diese Ergebnisse im Folgenden in Form eines kurzen Exkurses dargestellt.[36] Die Datengrundlage hierfür bilden die Antworten von 31 SQ-Einheiten.[37]

Umfang der SQ-Angebote

Die Angaben über die Anzahl der angebotenen Veranstaltungen sowie die durchschnittliche Anzahl der ausgestellten Leistungsnachweise pro Semester sind unter den befragten SQ-Einheiten sehr unterschiedlich.[38] Durchschnittlich werden von den SQ-Einheiten 143 Veranstaltungen pro Semester angeboten (n=31) und 1033 Leistungsnachweise (n=25) ausgestellt. Dass diese Zahl jedoch nur bedingt aussagekräftig ist, zeigt der Blick auf die jeweiligen Extrempunkte: So gibt es Einheiten, die lediglich drei Veranstaltungen anbieten und drei Leistungsnachweise im Semester ausstellen, während andere Einheiten 400 Veranstaltungen und bis zu 4.500 Leistungsnachweise verantworten. Der Median[39] liegt bei den angebotenen Veranstaltungen bei 102, bei den ausgestellten Leistungsnachweisen bei 300.

36 Eine nähere Beschreibung der Fragebogeninhalte findet sich in Kapitel 4.2, der vollständige Onlinefragebogen findet sich im Anhang.

37 Der Onlinefragebogen wurde an 101 SQ-Einheiten verschickt. 35 SQ-Einheiten haben an der Befragung teilgenommen, für die Auswertung konnten nach Bereinigung der Daten die Angaben von 31 SQ-Einheiten berücksichtigt werden (siehe Kapitel 4.2).

38 Es wurde nach sämtlichen Formen von mit ECTS-Punkten versehenen Leistungsnachweisen gefragt, also sowohl nach Nachweisen im Papierformat als auch elektronisch verbuchten Nachweisen. Teilnahmebescheinigungen oder Zertifikate ohne ECTS-Punkte wurden hier nicht als Leistungsnachweise bezeichnet.

39 Aufgrund starker Ausreißer in den Daten ist der Mittelwert für die Ergebnisdarstellung nur bedingt aussagekräftig. Stattdessen wurde der Median gewählt – also der Wert, der genau in der Mitte der jeweiligen Datenverteilung liegt – da dieser weniger empfindlich gegen Ausreißer ist.

Formate der angebotenen Veranstaltungen

Der Anteil der Veranstaltungen, die semesterbegleitend angeboten werden, ist im Vergleich zum Anteil an Blockveranstaltungen nahezu gleichgroß: Rund 51 Prozent der Veranstaltungen werden semesterbegleitend angeboten, 45 Prozent als Blockveranstaltungen, vier Prozent in sonstigen Formaten. Circa die Hälfte der SQ-Einheiten bietet Veranstaltungen vorwiegend in dem einen oder anderen Format an. Die Angaben zu sonstigen Veranstaltungsformaten reichen von Webinaren und Kurzformaten über Tagungen bis hin zu Summer Schools.

Verzahnung der SQ-Angebote mit dem Fachstudium

Die Verzahnung mit dem Fachstudium wurde auf organisatorischer sowie inhaltlicher Ebene erhoben.

Auf organisatorischer Ebene (n=30) sind die Veranstaltungen überwiegend (17 von 30) nie oder nur zu einem geringen Teil in fachwissenschaftliche Veranstaltungen integriert. Zwölf Mal wurde angegeben, dass die SQ-Inhalte teilweise in fachwissenschaftliche Veranstaltungen integriert sind, teilweise für sich stehen. Dass SQ-Inhalte immer in fachwissenschaftliche Veranstaltungen integriert sind und somit nie für sich alleine stehen, kommt unter den Befragten überhaupt nicht vor. Nur in einem Fall sind die Inhalte laut Antwort der Befragten größtenteils integriert.

Der inhaltliche Fokus liegt auf der disziplinenübergreifenden Ausrichtung der Veranstaltungen (n=31). 22 Mal wurde angegeben, dass die Veranstaltungen großteils oder gar ausschließlich disziplinenübergreifend ausgerichtet sind.[40] Die disziplinenspezifische Ausrichtung kommt nur in drei Fällen großteils, in einem Fall ausschließlich vor. In fünf Fällen sind die Veranstaltungen zum Teil disziplinenspezifisch, zum Teil disziplinenübergreifend ausgerichtet.

Auch die Entwicklung der SQ-Veranstaltungen (n=31) findet mit knapper Mehrheit ohne Beteiligung der Fachstudiengänge statt: In 16 Fällen wurde angegeben, dass alle oder ein Großteil der Veranstaltungen eigenständig entwickelt werden. Dass bei der Entwicklung von SQ-Veranstaltungen zumindest teilweise mit Vertreter*innen aus den Fachstudiengängen kooperiert wird, gaben 13 Befragte an. In zwei Fällen werden die Veranstaltungen zum Großteil in Kooperation mit den Studiengangsvertreter*innen entwickelt.

Erforderlicher Leistungsumfang

Die Anzahl der ECTS-Punkte, die Studierende im SQ-Bereich erwerben müssen, variiert nicht nur zwischen den Universitäten stark, sondern auch zwischen

40 Die beiden Begriffe fachspezifisch und disziplinenspezifisch beziehungsweise fachübergreifend und disziplinenübergreifend werden hier synonym verwendet.

den Studiengängen innerhalb einer Universität. Die Aussagen der Befragten reichen von „0 bis 20 ECTS“ und „unterschiedlich je nach Studiengang. Im Bachelor mindestens 14 ECTS bis maximal 28 ECTS“ über „in allen Bachelor-Studiengängen 6 Credits und in den meisten Master-Studiengängen 3 Credits, teilweise 0 Credits im Master“ bis hin zu „Der Umfang ist in der Bachelorprüfungsordnung auf 18 bis 45 ECTS festgelegt. Im Master ist der SQ-Bereich optional“. Ein eindeutiges Muster – abgesehen von dem hohen Maß an Individualität, mit dem die Studiengänge in Bezug auf den erforderlichen Leistungsumfang agieren – ließ sich aufgrund der Diversität der Aussagen nicht erkennen.

Tätigkeitsspektrum

Alle Befragten gaben an, dass zum Tätigkeitsspektrum der jeweiligen SQ-Einheit die Lehre zählt. Forschung fällt für elf Befragte in den Aufgabenbereich ihrer SQ-Einheit. Ein Beratungsangebot für Studierende gehört bei 27 Befragten zum Tätigkeitsspektrum; an 17 Einheiten findet Beratung für Lehrende statt. Ein Dienstleistungsangebot für Externe findet sich an neun der befragten Einheiten. Unter den von den Befragten ergänzten Angaben finden sich Aufgaben wie Hochschuldidaktik und -entwicklung, öffentliche Wissenschaft und Tutor*innenausbildung.

Beschäftigungsstruktur

Bei der Beschäftigungsstruktur zeigt sich, dass die SQ-Einheiten sehr unterschiedlich ausgestattet sind. Der Median liegt bei 4 wissenschaftlichen Mitarbeiter*innen und 1,5 Mitarbeiter*innen in Verwaltung und Technik an den befragten SQ-Einheiten (n=29), mit einem Median von insgesamt 3,5 Vollzeitäquivalent-Stellen bei einer Spanne von null bis 39,5 Vollzeitäquivalenten.

Der Median der entfristeten Stellen liegt bei 3 – wobei das Spektrum auch hier breit gefächert ist und von null bis 45 entfristete Stellen reicht.

Bei der Anzahl an Hilfskräften, die an einer SQ-Einheit angestellt sind, liegt der Median bei 7; die Spanne reicht hier von einer Hilfskraft bis hin zu 80 Hilfskräften.

Auch die Anzahl an externen Lehrbeauftragten variiert an den befragten SQ-Einheiten stark – der Median liegt bei 30 Personen, die für die Lehre engagiert werden. Während sechs SQ-Einheiten überhaupt keine externen Lehrbeauftragten beschäftigen, gibt es SQ-Einheiten, die bis zu 350 Personen für die Lehre einsetzen.

An 25 SQ-Einheiten wird die Lehre von externen Lehrbeauftragten durchgeführt, Dozierende aus den Fachstudiengängen werden an 17 SQ-Einheiten für die Lehre eingesetzt. An 22 SQ-Einheiten werden Lehrveranstaltungen von den eigenen Mitarbeiter*innen angeboten. Acht Einheiten haben folglich keine eigenen Mitarbeiter*innen, zu deren Aufgaben die Lehre gehört (n=30, Mehrfachnennungen möglich): Dort wird die Lehre entweder von externen Lehrbeauftragten und/oder Dozierenden aus den Fachstudiengängen geleistet.

Möglich ist zudem auch immer der Einbezug weiterer Personengruppen in die SQ-Lehre. Hierunter fallen Mitarbeiter*innen aus anderen (zentralen) Einrichtungen (zum Beispiel Rechen- oder Medienzentrum, Sprachlehrinstitut etc.), Expert*innen aus Unternehmen und Organisationen sowie speziell ausgebildete Tutor*innen.

Theoretische Fundierung

Um zugrundeliegende theoretische Konzepte zu ermitteln, wurden die SQ-Anbieter danach gefragt, ob sie sich auf ein bestimmtes (Schlüssel-)Kompetenzmodell beziehen oder mit einem bestimmten (Schlüssel-)Kompetenzbegriff arbeiten. Die Antworten der Befragten weisen eine hohe Diversität auf: Teilweise orientieren sich die SQ-Anbieter an bildungswissenschaftlichen Konzepten und/oder bildungspolitischen Papieren, teilweise verzichten sie auf ein explizites Konzept. Einige SQ-Anbieter entwickeln eigene Konzepte und Begriffsdefinitionen. Die Spannweite ist somit sehr groß und weder im Hinblick auf (Schlüssel-)Kompetenzmodelle noch auf (Schlüssel-)Kompetenzbegriffe lässt sich eine gemeinsame Linie zwischen den SQ-Anbietern erkennen.

5.6.2 Weitere Ergebnisse aus dem Rechercheprozess

Neben den zusätzlichen Ergebnissen, die auf der Onlinebefragung beruhen, konnten auch im Lauf des Rechercheprozesses weitere interessante Einsichten gewonnen werden.

Begriffsverwendung zur organisatorischen und thematischen Gestaltung von SQ-Veranstaltungen

Sowohl die Betrachtung der bereits existierenden Arbeiten zur organisatorisch-strukturellen Verfasstheit des SQ-Bereichs in Deutschland (vgl. Kapitel 3.4) als auch die empirischen Untersuchungen im Rahmen der vorliegenden Studie zeigen, dass die Begriffe integrativ und additiv in der SQ-Landschaft bisweilen synonym zu den Begriffen fach- beziehungsweise disziplinenspezifisch (integrativ) und fach- beziehungsweise disziplinenübergreifend (additiv) verwendet werden.

Die Ergebnisse der vorliegenden Studie zeichnen ein anderes Bild: Die beiden Begriffspaare sind nicht synonym zu verstehen. Sie beschreiben vielmehr zwei unterschiedliche, sich gegenseitig näher spezifizierende Dimensionen – nämlich einerseits die organisatorische Einbettung von SQ-Lehre sowie andererseits deren thematischen Zuschnitt.

So finden sich an den Universitäten vier verschiedene Varianten, in denen SQ-Lehre umgesetzt wird:

- fach*spezifisch* zugeschnittene SQ-Lehre, die integriert in Fachveranstaltungen umgesetzt wird;
- fach*übergreifende* SQ-Veranstaltungen, die zusätzlich zu Fachveranstaltungen angeboten werden;
- fach*spezifisch* zugeschnittene SQ-Veranstaltungen, die zusätzlich zu Fachveranstaltungen angeboten werden;
- fach*übergreifende* SQ-Lehre, die integriert in Fachveranstaltungen umgesetzt wird.

Aus diesem Grund plädieren wir für die Unterscheidung zwischen organisatorischen Formaten (additiv oder integriert[41]) und thematischen Zuschnitten (fachspezifisch oder fachübergreifend). Betrachtet man die SQ-Lehre in diesen zwei Dimensionen, ergibt sich folgende Vier-Felder-Matrix. Die vier Möglichkeiten werden anhand von Beispielen verdeutlicht:

Fachspezifisch-integriert	**Fachspezifisch-additiv**
Beispiel: „Wissenschaftliches Arbeiten für Wirtschaftswissenschaftler*innen“ integriert in die verpflichtende Fachveranstaltung „Einführung in die Wirtschaftswissenschaften“ für Studierende der Wirtschaftswissenschaften.	Beispiel: „Berufsorientierung für Studierende der Geistes- und Sozialwissenschaften“, angeboten vom Career Service, anrechenbar für Studierende der Pädagogik im Wahlpflichtbereich.
Fachübergreifend-integriert	**Fachübergreifend-additiv**
Beispiel: „Teamarbeit“ integriert in die verpflichtende Fachveranstaltung „Praxisorientierte Maschinenkonstruktionslehre“, angeboten vom SQ-Zentrum für Studierende des Maschinenbaus, die diese Fachveranstaltung belegen.	Beispiel: „Stress- und Zeitmanagement im Studium“, angeboten von der Akademie für Schlüsselkompetenzen, anrechenbar für das Modul „Überfachliche Kompetenzen“ von Studierenden aller Studiengänge.

Abbildung 31: Vier-Felder-Matrix: organisatorische Einbettung und thematischer Zuschnitt von SQ-Angeboten

An nahezu allen untersuchten Universitäten wird die SQ-Lehre in mehr als einer der beschriebenen Möglichkeiten angeboten; an einigen wird diese sogar in allen vier Varianten umgesetzt.

41 Der Begriff *integriert* wird hier gegenüber dem Begriff *integrativ* bevorzugt, da er unseres Erachtens den organisatorischen Aspekt des ‚In-etwas-integriert-Seins‘ besser zum Ausdruck bringt, als der Begriff *integrativ*.

6 Back to Earth – Fazit aus der Erkundung des Schlüsselqualifikationsuniversums

Nachdem im vorherigen Kapitel die Ergebnisse der Studie im Einzelnen dargestellt wurden, sollen sie nun zum Abschluss in einer Zusammenschau interpretiert und mit Blick auf Erkenntnisse über den SQ-Bereich insgesamt – und unter besonderer Berücksichtigung professionssoziologischer Aspekte – reflektiert werden. Kurzum: Was lässt sich aus der Erkundung des SQ-Bereichs an deutschen Universitäten in seinen Einzelheiten über den SQ-Bereich in seiner Gesamtheit und hinsichtlich seiner professionsbezogenen Qualitäten aussagen?

Der zentrale Befund aus der Zusammenschau der nunmehr vorliegenden Ergebnisse lässt sich mit dem Begriff der Heterogenität beschreiben: Der SQ-Bereich an deutschen Universitäten zeichnet sich in unterschiedlichen Dimensionen durch eine Vielfalt an Erscheinungsformen aus, die im Folgenden kurz erläutert werden sollen.

Begriffsvielfalt

Zunächst ist hier der Begriffsapparat zu nennen, unter dem Studienangebote firmieren, die nicht dem kernfachlichen Bereich angehören und die unter dem Begriff Schlüsselqualifikationen zusammengefasst wurden.

Der Eindruck der Begriffsvielfalt, der in der Literatur immer wieder geschildert wird und der bei der Tagung „Professionalisierung von Schlüsselqualifikationsangeboten. Woher wissen wir, was wir tun?“ auf dem Podium moniert wurde, bestätigt sich in den empirischen Daten umfassend. Sowohl in den Selbstbeschreibungen der anbietenden SQ-Einheiten als auch in Fremdbeschreibungen über diesen Bereich akademischer Bildung finden sich mannigfaltige Bezeichnungen: von Schlüsselqualifikationen und Schlüsselkompetenzen bis hin zu überfachlichen, außerfachlichen oder generischen Kompetenzen – um nur einige Beispiele zu nennen. Diese werden wiederum an den unterschiedlichen Universitäten unter verschiedenen Begriffen in den Curricula verankert, sodass Studierende mancherorts entsprechende Angebote etwa im Optionalbereich, im Wahlpflichtbereich oder bei den General Studies finden, während sie andernorts für entsprechende Angebote nach Zusatzqualifikationen oder überfachlichen Qualifikationen Ausschau halten müssen.

Die Begriffsvielfalt macht sowohl die Verständigung untereinander als auch die Verständigung Anderer über diesen Bereich schwierig. Durch diese Vielfalt besteht die Gefahr der Marginalisierung, denn etwas, das nicht ‚auf einen Begriff gebracht werden kann' (geschweige denn auf einen Nenner), droht deutlich leichter in Debatten – zum Beispiel um die Gestaltung von Studiengängen – außen vor gelassen zu werden als etablierte Inhalte.

Gleichzeitig kann die Begriffsdiffusität auch als Vorteil gewertet werden – etwa wenn es darum geht, mit möglichst Vielen einen Gegenstandsbereich erst zu formen. Eine allzu strikte begriffliche Schließung könnte eine Beteiligung an diesem Prozess erschweren.

Zudem ermöglicht die begriffliche Unschärfe es, eigene Spielräume – zum Beispiel bei der inhaltlichen Ausgestaltung des Angebots – zu erschließen. Damit einher geht nicht zuletzt eine Flexibilität, die es erlaubt, rasch auf sich wandelnde gesellschaftliche Verhältnisse und Bildungsziele einzugehen.

Thematische und inhaltliche Vielfalt

Das thematisch-inhaltliche Spektrum im universitären SQ-Bereich ist enorm. Empirisch zeigt es sich nicht zuletzt daran, dass selbst mit einer kategorisierenden Vorgehensweise, bei der Ähnliches zusammengefasst wurde, immer noch 13 übergeordnete Themenschwerpunkte mit 83 inhaltlichen Ausdifferenzierungen ausgemacht werden konnten – jeweils zuzüglich sonstiger Einzelveranstaltungen, die selbst den 83 Kategorien nicht zuzuordnen waren.

Dabei existiert unter den 13 Themenschwerpunkten keiner, der an allen untersuchten Universitäten kostenfrei und mit ECTS-Punkten creditiert angeboten wird. *Das eine* verbindliche und für alle Studierenden zugängliche Thema im SQ-Bereich gibt es also nicht. Nichtsdestotrotz lässt sich eine Art Kerncurriculum im SQ-Bereich ausmachen, zu dem hier diejenigen Themen gezählt werden, die an mehr als 80 Prozent aller untersuchten Universitäten angeboten werden. Dabei steht an erster Stelle das Thema *Kommunikation und Kooperation* (an 87,3 Prozent), gefolgt von *Sprachen* (an 85,5 Prozent) und *Wissenschaftlichem Arbeiten* (an 80 Prozent).[42] Bildet man eine zweite Gruppe, in der alle Themen Berücksichtigung finden, die an mehr als 60 Prozent der Universitäten im SQ-Bereich angeboten werden, finden sich folgende Themen: *Management (in verschiedenen Bereichen)* (an 69,1 Prozent), *Lern- und Arbeitstechniken* (an 69,1 Prozent), *Berufsorientierung und -einstieg* (an 61,8 Prozent), *Juristische und ökonomische Grundlagen* (an 61,8 Prozent) sowie *Medienbildung* (an 61,8 Prozent). An weniger als 60 Prozent der Universitäten werden folgende Themen angeboten: *Selbstverortung, geistige und körperliche Gesundheit* (an

42 Das Ergebnis zur prominenten Stellung des Themas Kommunikation verhält sich konsistent zu den Ergebnissen der Studien zur fachübergreifenden Lehre (vgl. Robertson-von Trotha/Görisch/Koban 2009), in denen Kommunikation als wichtiges Thema für Fachvertreter*innen ebenso wie für Spezialist*innen des fachübergreifenden Bereichs identifiziert wurde.

56,4 Prozent), *EDV* (an 50,9 Prozent), *Ethik und gesellschaftliche Verantwortung* (an 47,3 Prozent) und schließlich *Historische und politische Grundlagen* (an 30,9 Prozent).

Strukturelle Vielfalt

Auch hinsichtlich der Organisationsformen und der Einbettung in die universitäre Struktur finden sich vielfältige und individuelle Modelle, mit und in denen SQ-Angebote an deutschen Universitäten realisiert werden: Sie werden von den unterschiedlichsten Anbietern auf verschiedenen strukturellen Ebenen verantwortet, wobei mehr als Dreiviertel der Organisationseinheiten mit SQ-Bezug in der Zentralen verortet sind. Das bedeutet allerdings nicht, dass es sich immer um ein tatsächliches Zentrum handelt: Auf zentraler Ebene gibt es neben zentralen wissenschaftlichen Einrichtungen genauso Dienstleistungs- und Serviceeinrichtungen sowie Stabstellen oder einzelne Personen an speziell denominierten Stellen, die für die SQ-Angebote zuständig sind.

Auch auf dezentraler Ebene werden Schlüsselqualifikationen von verschiedenen SQ-Anbietern – zum Beispiel von Fakultäten sowie von einzelnen Stellen und Personen – verantwortet. Genauso sind Einrichtungen, die als Zentren ausgewiesen sind – zum Beispiel Sprach-, Schreib- oder Schlüsselqualifikationszentren – und damit semantisch eine Verankerung in der Zentrale nahelegen, an einigen Universitäten dezentral verortet.

Lediglich ein knappes Sechstel der Organisationseinheiten mit SQ-Bezug sind dezidierte SQ-Einrichtungen – oder andersrum formuliert: Die weit überwiegende Mehrzahl der Einheiten, die SQ-Veranstaltungen anbieten, gehören nicht zu den so genannten SQ-Einrichtungen, zu deren vornehmlichen Aufgaben die Bereitstellung von SQ-Kursen für Studierende zählt und/oder die für die Koordination des universitätsweiten SQ-Programms verantwortlich sind.

Die Anzahl der SQ-Einheiten, die ECTS-creditierte SQ-Veranstaltungen anbieten, ist an den untersuchten Universitäten sehr unterschiedlich: Die Zahl reicht von einer Einheit bis zu 15 eigenständigen Einheiten, die an der jeweiligen Universität als Anbieter fungieren. Zudem existiert unter den näher untersuchten Universitäten keine einzige, an der Schlüsselqualifikationen nicht von mindestens einer Fakultät studienbereichsintern angeboten werden.

Auch die Rekonstruktion von Anbietermodellen für den SQ-Bereich, mit der selbst bei einer idealtypischen und auf wenige Merkmale konzentrierten Zuspitzung fünf unterschiedliche Modelle herausgebildet werden konnten, bestätigt den hohen Grad an Heterogenität.

Bemerkenswert ist in diesem Kontext die Informationslage zum SQ-Bereich: Zu fast einem Drittel der Universitäten – nämlich 26 von insgesamt 81 deutschen Universitäten – konnten überhaupt keine oder nur sehr geringfügige Informationen ausfindig gemacht werden. Auch Anfragen an die Leitungsebene und vermeintliche Ansprechpersonen blieben hier unbeantwortet, sodass keine ausreichende Datengrundlage für einen Einbezug dieser Universitäten in die weitere Untersuchung gegeben war. Zusätzlich erschwert wurde die Datenerhebung durch teilweise unübersichtliche Webauftritte und widersprüchliche oder – wie sich im Lauf der Untersuchung herausstellte – fehlerhafte Aussagen der unterschiedlichen Ansprechpersonen.

Zusammengenommen weisen diese Ergebnisse darauf hin, dass im Allgemeinen an den Universitäten weder von einer alleinigen noch von einer über die Universitäten hinweg einheitlichen Adresse für SQ-Angebote gesprochen werden kann. Darin unterscheiden sich fachübergreifende Angebote deutlich von fachspezifischen Angeboten, die in der Regel eine eindeutige Zugehörigkeit aufweisen. Zwar gelten Universitäten als lose gekoppelte Systeme, deren einzelnen Mitglieder nicht unbedingt aufeinander Bezug nehmen müssen, um erfolgreich zu sein (vgl. Weick 1976). Durch die Einbettung der einzelnen Mitglieder in ein gemeinsames Wissenschaftssystem (vgl. Wilkesmann 2019, S. 11 f.) sowie deren Bezugnahme auf ihre jeweiligen Fach-Communities und die Anwendung der Fachkonventionen im eigenen Hochschulkontext entstehen aber durchaus hochschulübergreifende Gemeinsamkeiten:[43] Bei aller akademischen Selbstverwaltung und Eigenlogik von Universitäten ist es doch eher üblich, zum Beispiel einen Studiengang für Neuere deutsche Literatur an einer Fakultät für Geisteswissenschaften und einen Studiengang für Betriebswirtschaftslehre an einer Fakultät für Wirtschaftswissenschaften zu finden. Selbst interdisziplinäre Felder wie etwa die Mechatronik sind in der Regel im Maschinenbau, der Elektrotechnik oder der Informatik angesiedelt und werden damit zwar von mehreren, aber keinesfalls von 15 verschiedenen Einheiten angeboten.

Dabei muss eine solche Vielfalt von Organisationseinheiten mit SQ-Bezug nicht zwingend von Nachteil sein: Inhaltlich unterschiedlich ausgerichtete SQ-Einheiten können dazu beitragen, ein breites thematisches Angebot bereitzustellen. Gleichwohl stellt die Vielzahl an Einrichtungen keine notwendige Bedingung für ein vielfältiges SQ-Angebot dar. Wie einige konkrete Fälle zeigen, ist auch ein einzelnes, entsprechend ausgestattetes SQ-Zentrum mit spezialisierten Abteilungen durchaus dazu in der Lage, eine außerordentliche Angebotsvielfalt zu bieten.

43 Zur Frage der (vermeintlichen) Spezifik von Hochschulen als Organisationstyp vgl. Wilkesmann/Schmid (2012a) und Wilkesmann/Schmid (2012b). In ihrem Band „Hochschule als Organisation“ (Wilkesmann/Schmid 2012a) fordern sie, eine neutrale empirische Bestandsaufnahme vorzunehmen und nicht von vornherein systematisch Gemeinsamkeiten zu anderen Organisationstypen durch theoretische Setzungen auszublenden und Spezifika überzubetonen (vgl. Wilkesmann/Schmid 2012b, S. 10 f.). Einen Überblick über (neue) Theorien zur Organisation Hochschule geben Kehm (2012) sowie Wilkesmann (2019).

In der Regel wird mit einer Vielzahl an kleineren Einrichtungen auch eine gewisse Flexibilität und Agilität assoziiert, sodass theoretisch schneller neue Themen gesetzt und auf gesellschaftliche Veränderungen reagiert werden kann. Dies hängt jedoch maßgeblich von der Organisationsstruktur an der jeweiligen Universität ab: Ist diese streng hierarchisch organisiert und billigt den einzelnen Einheiten einen geringen Autonomiegrad zu, so können zahlreiche kleinere Einheiten nicht unbedingt schneller agieren als ein einzelnes Zentrum. Auch hier zeigen Beispiele aus der Praxis, dass größere Einheiten sich so organisieren können, dass ein hoher Grad an Agilität und ein zeitnahes Handeln bei aktuellen Entwicklungen möglich sind.

Gegenüber vielen einzelnen Einheiten bieten dezidierte SQ-Einrichtungen den Vorteil, dass Interessen zum Beispiel gegenüber der universitären Leitungsebene gebündelt vertreten werden können. Auch der universitätsinterne Konkurrenzdruck in Bezug auf Ressourcen (zum Beispiel bei der Vergabe interner Qualitätssicherungsmittel) ist bei einer kleineren Anzahl an Einheiten geringer einzuschätzen. Zwar belebt Konkurrenz bekanntlich das Geschäft, allerdings kann sich ein zu großer Konkurrenzkampf um begrenzte Mittel negativ – beispielsweise auf Planungssicherheit, auf Weiterentwicklungsmöglichkeiten der Angebote und nicht zuletzt auf die Handlungsfähigkeit der Einheiten – auswirken.

Darüber hinaus können in dezidierten SQ-Einrichtungen Ressourcen effizienter eingesetzt und Synergien geschaffen werden, so etwa bei organisatorischen Abläufen, dem Einsatz von Personal sowie bei der Entwicklung, der Weitergabe und dem Ausbau von Expertise. Zudem fördert die Konzentration von Expertise in einer SQ-Einrichtung die Etablierung von Standards, zum Beispiel bei der Auswahl von Dozierenden, der Anerkennung von extern erbrachten Studienleistungen sowie bei den Leistungsanforderungen und den Ansprüchen an die Güte der Lehr-Lerninhalte und -formate etc. (vgl. auch In der Smitten/Jäger 2013, S. 13).

Eine solche Konzentration erleichtert es schließlich, die Standards für die Angehörigen der jeweiligen Universität verbindlich und transparent zu halten. Dazu zählen sowohl die Studierenden und das akademische Personal in den Fachstudiengängen als auch das Verwaltungspersonal, das mit der Administration der Studienleistungen betraut ist sowie die Leitungsebene, die für strategische Fragen und damit auch für das angestrebte Profil der Absolvent*innen zuständig ist. Auch für Externe – also etwa Studieninteressierte, potenzielle Arbeitgeber*innen sowie Akkreditierungsagenturen – werden die Standards dadurch besser nachvollziehbar.

Mit dieser Heterogenität des SQ-Bereichs geht auch die Frage der letztendlichen Zuständigkeit und Verantwortung für diesen Bereich akademischer Bildung einher. Selbst wenn die Anlaufstelle(n) an einer Universität eindeutig bekannt sind und womöglich sogar gemeinsame Standards für verschiedene

SQ-Einheiten an der gleichen Universität bestehen, bleibt bei den creditierten Angeboten zu beachten, dass die SQ-Einheiten oftmals keine vollständige Autonomie besitzen, da in der Regel die Fakultäten oder Studienbereiche über die Anrechnung der erworbenen ECTS-Punkte entscheiden. Nicht selten werden auch für verpflichtende Fachstudieninhalte (wie etwa Praktika) oder für freiwilliges Engagement (wie etwa im Ehrenamt) ECTS-Punkte im SQ-Bereich vergeben, ohne dass eine dezidiert darauf zielende Lehre stattfinden würde. Prüfungsrechtlich betrachtet kommt dem SQ-Bereich also häufig eher die Rolle eines ‚zahnlosen Tigers' zu, der im Zweifel auf das Wohlwollen der Fakultäten und/oder Studienbereiche angewiesen ist. Die Angebote in diesem Bereich können also eine noch so professionelle – im Sinne von hohe – Qualität besitzen: Theoretisch betrachtet lässt sich beim SQ-Bereich nicht von einer Profession sprechen, denn die „weitreichende Autonomie hinsichtlich der Gestaltung und Regelung ihrer berufseigenen Belange" (Pfadenhauer/Kunz 2010, S. 238) ist eben ein zentrales Kennzeichen von Professionen. Auch wenn innerhalb des professionssoziologischen Diskurses unterschiedliche Strömungen und mit ihnen je unterschiedliche Verfahren zur Bestimmung von Professionen koexistieren, so scheint „ein über alle Unterschiede geteiltes Merkmal sämtlicher Professionen bzw. professionalisierungsbedürftigen Tätigkeiten [...] deren Autonomiestreben zu sein, das sich vorrangig in der Frage manifestiert, welche Instanzen legitimerweise über die Angemessenheit des Handelns urteilen dürfen" (Käch/Neuhaus 2018, S. 15). Auf den Handlungsbereich der akademischen Ausbildung im Bereich Schlüsselqualifikationen übertragen lautet die Frage also: Wer bestimmt eigentlich auf welcher Grundlage, was Schlüsselqualifikationen sind, was als Schlüsselqualifikation anerkannt und zertifiziert wird, wer Schlüsselqualifikationen aufgrund welcher Qualifikation vermitteln darf, welchen Standards dabei genüge getan werden muss und so weiter? Aus professionssoziologischer Sicht wäre also unter den Angehörigen des SQ-Bereichs zunächst zu klären, ob hier überhaupt das Bestreben nach Autonomie über den eigenen Handlungsbereich besteht und wenn ja, wie dieser durchgesetzt werden könnte.

Mit den im SQ-Bereich identifizierten Themen und dem ‚Kerncurriculum' gibt es klare Hinweise auf für Professionen typische Sonderwissensbestände und die Formulierung von „Qualitätskriterien zur Entwicklung und Förderung von Schlüsselkompetenzen an Hochschulen"[44] spricht dafür, dass die Mitglieder durchaus ein Interesse daran haben, autonom über ihren Aktionsraum und darin gültige Kriterien zu bestimmen. Einrichtungen wie SQ-Zentren, Professuren für Schlüsselkompetenzen, Fachgesellschaften und SQ-spezifische Publika-

44 Vgl. http://www.gesellschaft-fuer-schluesselkompetenzen.de/tl_files/PDF-Downloads/QM-SK.pdf (letzter Abruf am 07.08.2020).

tionskanäle deuten auf eine Professionalisierung des Bereichs im Sinne einer sozialen Verfestigung von Berufsrollen hin (vgl. Pfadenhauer 2003; Pfadenhauer/Kunz 2010, S. 238). Bereits von einer eigenständigen oder gar etablierten SQ-Disziplin oder einer SQ-Wissenschaft zu sprechen, scheint jedoch angesichts des noch sehr überschaubaren Ausmaßes entsprechender Aktivitäten verfrüht. Derzeit existieren nur wenige einschlägige Professuren und es gibt weder Studiengänge für Schlüsselqualifikationen, die die Ausbildung des eigenen Nachwuchses sichern würden noch entsprechende Linien in der Forschungsförderung (z. B. ein spezifisches Fachkollegium bei der Deutschen Forschungsgemeinschaft). Auch sind längst nicht an allen Universitäten entsprechende Lehreinrichtungen aufgebaut beziehungsweise verstetigt. Zudem scheint die Berücksichtigung bereits formulierter Qualitätsstandards sowie die systematische Einbindung von Expert*innen aus dem SQ-Bereich bei der Entwicklung und Akkreditierung von Studiengängen bislang nicht so umfassend zu sein, als dass sie die Diagnose einer etablierten Profession rechtfertigen würden.

Dabei soll hier nicht der Eindruck vermittelt werden, dass der fachübergreifende SQ-Bereich in Konkurrenz mit den Studienbereichen steht oder gar stehen sollte: In vielen Fällen existieren Kooperationen und die Vertreter*innen der unterschiedlichen Bereiche arbeiten in einer Verantwortungsgemeinschaft auf das Ziel einer umfassenden akademischen Bildung hin – zumal die Angehörigen des SQ-Bereichs selbst aus bestimmten Fächern (meist aus dem Spektrum der Geistes- und Sozialwissenschaften) stammen und deshalb durchaus mit Fachlogiken vertraut sind. Es soll vielmehr aus professionssoziologischer Sicht darauf hingewiesen werden, dass Angehörige des SQ-Bereichs in organisationalen Zusammenhängen – und zwar selbst in ihrem ureigenen Zuständigkeitsbereich – oftmals nicht die Autonomiegrade besitzen, die nötig wären, um ihre Expertise und ihr professionelles Können im Sinne des Bildungsgedankens wirklich umfassend einzubringen.[45]

Ausgerechnet der Teil der akademischen Bildung, dem laut aktuellen Prognosen unter dem Begriff der Zukunftskompetenzen und der Schlüsselkompetenzen besondere Relevanz zugeschrieben wird (vgl. Europäischer Rat 2018; Stifterverband 2018; Stifterverband 2019), ist strukturell an deutschen Universitäten derzeit nicht so aufgestellt und mit entsprechenden Autonomiegraden versehen, dass er diese Aufgabe auf Augenhöhe mit den Fachstudiengängen wirklich adäquat bewältigen könnte.

45 Zu professionellem Handeln im Kontext von Institution und Organisation vgl. die Beiträge im gleichnamigen Band von Neuhaus/Käch (2018).

Dies zu ermöglichen, liegt an den Verantwortlichen in den Universitäten und etablierten Bildungs- und Forschungsinstitutionen.[46] Gleichzeitig ist es aber auch genauso Aufgabe der am SQ-Bereich Beteiligten, sich diese Autonomie zu erarbeiten.

Inwiefern dies angestrebt wird und gelingt, bleibt abzuwarten. Ferner gilt es weiterhin empirisch zu beobachten, wie sich dieser ohnehin dynamische Bereich verändert: zum einen mit Blick auf die auslaufenden Mittel des Hochschulpakts Ende 2020, die in den letzten Jahren deutlich zu einem Ausbau von SQ-Angeboten beigetragen haben. Zum anderen, da durch gesellschaftliche Veränderungen immer wieder neue Anforderungen an akademische Bildung gestellt werden, auf die der SQ-Bereich seine eigenen Antworten finden wird.

> „Jeder, der schon einmal im Weltall war, will noch einmal dorthin."
> (Alexander Gerst)

46 Ein Positionspapier mit entsprechenden Forderungen war zum Zeitpunkt der Erstellung dieses Bandes von der Gesellschaft für Schlüsselkompetenzen in Lehre, Forschung und Praxis e.V. in Planung. Es soll die Verantwortlichen an Hochschulen und Universitäten, in der Bildungspolitik, den ländergemeinsamen Einrichtungen für die Qualitätssicherung in Studium und Lehre sowie in der Forschungsförderung adressieren.

7 Verzeichnisse

7.1 Quellenverzeichnis

Akkreditierungsrat (2013): Regeln für die Akkreditierung von Studiengängen und für die Systemakkreditierung. Online verfügbar unter http://www.akkreditierungsrat.de/fileadmin/Seiteninhalte/AR/Beschluesse/AR_Regeln_Studiengaenge_aktuell.pdf (letzter Abruf am 04.02.2020).

Ananiadou, Katerina/Claro, Magdalena (2009): 21st Century Skills and Competences for New Millennium Learners in OECD Countries. OECD Education Working Papers 41. Online verfügbar unter http://dx.doi.org/10.1787/218525261154 (letzter Abruf am 04.02.2020).

Arnold, Rolf/Müller, Hans-Joachim (Hg.) (2006): Kompetenzentwicklung durch Schlüsselqualifikations-Förderung. Baltmannsweiler: Schneider-Verlag Hohengehren.

Berger, Peter L./Luckmann, Thomas (2007): Die gesellschaftliche Konstruktion der Wirklichkeit: Eine Theorie der Wissenssoziologie. Frankfurt am Main: Fischer Taschenbuch Verlag.

Beck, Herbert (1993): Schlüsselqualifikationen. Bildung im Wandel. Darmstadt: Winklers.

Beck, Simon (2007): Schlüsselqualifikationen im Spannungsfeld von Bildung und Qualifikation – Leerformel oder Integrationskonzept. Analyse einer berufspädagogischen Debatte. Stuttgart: ibw Hohenheim.

Becker, Wolfgang (1991a): Schlüsselqualifikationen – Begriffsgeschichte, Beispiele und Erläuterungen. In: Meifort, Barbara (Hg.): Schlüsselqualifikationen für gesundheits- und sozialpflegerische Berufe. Alsbach/Bergstraße: Leuchtturm-Verlag, S. 75–96.

Becker, Wolfgang (1991b): Schlüsselqualifikationen – ein Schlüsselbegriff für Zielkonflikte in der beruflichen Bildung? Eine Entdeckungsreise in die Begriffsgeschichte. In: Meifort, Barbara (Hg.): Schlüsselqualifikationen für gesundheits- und sozialpflegerische Berufe. Alsbach/Bergstraße: Leuchtturm-Verlag, S. 125–149.

Binkley, Marilyn/Erstad, Ola/Herman, Joan/Raizen, Senta/Ripley, Martin/Miller-Ricci, May/Rumble, Mike (2012): Defining Twenty-First Century Skills. In: Griffin, Patrick/McGaw, Barry/Care, Esther (Hg.): Assessment and Teaching of 21st Century Skills. Dordrecht: Springer, S. 17–66.

Brinker, Tobina (2015): Schlüsselkompetenzen als Brücke zwischen Forschungsorientierung und Berufsbezug? In: Tremp, Peter (Hg.): Forschungsorientierung und Berufsbezug im Studium. Hochschulen als Orte der Wissensgenerierung und der Vorstrukturierung von Berufstätigkeit. Bielefeld: Bertelsmann, S. 83–100.

Bundesministerium der Justiz und für Verbraucherschutz (2007): Bundesgesetzblatt 2007/Teil II Nr. 15. Köln: Bundesanzeiger Verlag. Online verfügbar unter http://www.bgbl.de/xaver/bgbl/start.xav?startbk=Bundesanzeiger_BGBl&jumpTo=bgbl207015.pdf (letzter Abruf am 13.05.2020).

Bundesvereinigung der Deutschen Arbeitgeberverbände (2003): Memorandum zur gestuften Studienstruktur (Bachelor/Master). Berlin.

Bundesvereinigung der Deutschen Arbeitgeberverbände (2008): Beschäftigungsfähigkeit von Hochschulabsolventen stärken. Für eine bessere Arbeitsmarktrelevanz des Hochschulstudiums. Gemeinsames Memorandum von BDA, BDI und HRK. Berlin.

Creswell, John W./Plano Clark, Vicki L./Gutmann, Michelle/Hanson, William (2003): Advanced Mixed Methods Research Designs. In: Tashakkori, Abbas/Teddlie, Charles (Hg.): Handbook of Mixed Methods in Social & Behavioral Research. Thousand Oaks, CA: Sage, S. 209–240.

Bologna-Deklaration (1999): Der Europäische Hochschulraum. Gemeinsame Erklärung der Europäischen Bildungsminister. 19. Juni 1999, Bologna. Online verfügbar unter https://www.bmbf.de/files/bologna_deu.pdf (letzter Abruf am 18.05.2020).

Deutscher Industrie- und Handelskammertag (DIHK) (2008): Soft Skills und Praxisbezug – Erwartungen der Wirtschaft an Hochschulabsolventen. Berlin.

Deutscher Industrie- und Handelskammertag (DIHK) (2015): Kompetent und praxisnah – Erwartungen der Wirtschaft an Hochschulabsolventen. Berlin.

Echterhoff, Nils (2014): Schlüsselkompetenzen – Schlüssel für die Arbeitswelt des 21. Jahrhunderts. Dissertation. Universität Duisburg-Essen.

Europäische Kommission (2007): Schlüsselkompetenzen für lebenslanges Lernen – ein europäischer Referenzrahmen. Luxemburg. Online verfügbar unter http://www.kompetenzrahmen.de/files/europaeischekommission2007de.pdf (letzter Abruf am 04.02.2020).

Europäischer Rat (2018): Empfehlung des Rates zu Schlüsselkompetenzen für lebenslanges Lernen (einschließlich des Anhangs ‚Schlüsselkompetenzen für Lebenslanges Lernen – Ein europäischer Referenzrahmen'). Brüssel. Online verfügbar unter https://www.kmk-pad.org/fileadmin/Dateien/download/v_na/10_EU_Schluesseldokumente/Empfehlung_Schluesselkompetenzen_2018.pdf (letzter Abruf am 04.02.2020).

Fregin, Marie-Christine/Richter, Philipp/Schreiber, Benedikt/Wüstenhagen, Stefanie/Dietrich, Julias/Frankenberger, Rolf/Schmidt, Uwe/Walgenbach, Peter (2016): Führungsverantwortung in der Hochschullehre. Zur Situation in den MINT-Fächern und Wirtschaftswissenschaften an Universitäten in Baden-Württemberg, Rheinland-Pfalz und Thüringen. Tübingen: Internationales Zentrum für Ethik in den Wissenschaften (IZEW).

Graichen, Olaf (2002): Schlüsselqualifikationen. Eine kritische Beurteilung eines aktuellen Konzepts aus berufspädagogischer Sicht. Marburg: Tectum.

Hirsch-Weber, Andreas/Loesch, Cristina/Scherer, Stefan (Hg.) (2019): Forschung für die Schreibdidaktik: Voraussetzung oder institutioneller Irrweg? Weinheim und Basel: Beltz Juventa.

In der Smitten, Susanne/Jäger, Michael (Hg.) (2010): Studentischer Kompetenzerwerb im Kontext von Hochschulsteuerung und Profilbildung. Dokumentation zur HIS-Tagung am 03. November 2009 in Hannover. HIS: Forum Hochschule 13/2010. Online verfügbar unter https://www.dzhw.eu/pdf/pub_fh/fh-201013.pdf (letzter Abruf am 04.02.2020).

Käch, Oliver/Neuhaus, Lukas (2018): Zeitgenössische Bedingungen gelingender Professionalität. In: Neuhaus, Lukas/Käch, Oliver (Hg.): Bedingte Professionalität. Professionelles Handeln im Kontext von Institution und Organisation. Weinheim und Basel: Beltz Juventa, S. 14–33.

Kehm, Barbara M. (2012): Hochschulen als besondere und unvollständige Organisationen? – Neue Theorien zur ‚Organisation Hochschule'. In: Wilkesmann, Uwe/Schmid, Christian J. (Hg.): Hochschule als Organisation. Wiesbaden: Springer VS, S. 17–26.

Kelle, Udo/Kluge, Susann (2010): Vom Einzelfall zum Typus. Fallvergleich und Fallkontrastierung in der qualitativen Sozialforschung. Wiesbaden: VS.

Kohler, Jürgen (2004): Schlüsselkompetenzen und „employability" im Bologna-Prozess. In: Stifterverband für die Deutsche Wissenschaft (Hg.): Schlüsselkompetenzen und Beschäftigungsfähigkeit. Konzepte für die Vermittlung überfachlicher Qualifikationen an Hochschulen. Essen, S. 5–15.

Konnertz, Ursula (2016): Einleitung. In: Konnertz, Ursula/Mühleisen, Sibylle (Hg.): Können Schlüsselqualifikationen bilden? Zur Rolle der Schlüsselqualifikationen an den Universitäten. Frankfurt am Main: Peter Lang Edition, S. 7–24.

Konnertz, Ursula/Mühleisen, Sibylle (Hg.) (2016): Können Schlüsselqualifikationen bilden? Zur Rolle der Schlüsselqualifikationen an den Universitäten. Frankfurt am Main: Peter Lang Edition.

Kuckartz, Udo (2014): Mixed Methods. Methodologie, Forschungsdesigns und Analyseverfahren. Wiesbaden: Springer VS.

Kultusministerkonferenz (KMK) (2010): Ländergemeinsame Strukturvorgaben für die Akkreditierung von Bachelor- und Masterstudiengängen (Beschluss der Kultusministerkonferenz vom 10.10.2003 in der Fassung vom 04.02.2010).

Mead, George H. (1967): Mind, Self, and Society: From the Standpoint of a Social Behaviorist; Edited and with an Introduction by Charles W. Morris. Chicago: University of Chicago Press.

Mertens, Dieter (1974): Schlüsselqualifikationen. Thesen zur Schulung für eine moderne Gesellschaft. Sonderdruck aus: Mitteilungen aus der Arbeitsmarkt- und Berufsforschung. 7. Jahrgang 1974. Stuttgart: W. Kohlhammer GmbH, S. 36–42.

Meuser, Michael (2005): Professionell handeln ohne Profession? In: Pfadenhauer, Michaela (Hg.): Professionelles Handeln. Wiesbaden: VS, S. 253–264.

Mugabushaka, Alexis-Michel (2005): Schlüsselqualifikationen im Hochschulbereich. Eine diskursanalytische Untersuchung der Modelle, Kontexte und Dimensionen in Deutschland und Großbritannien. Dissertation: Universität Kassel. Online verfügbar unter https://d-nb.info/974189804/34 (letzter Abruf am 22.07.2020).

Multrus, Frank/Majer, Sandra/Bargel, Tino/Schmidt, Monika (2017): Studiensituation und studentische Orientierung. Zusammenfassung zum 13. Studierendensurvey an Universitäten und Fachhochschulen. Herausgegeben vom Bundesministerium für Bildung und Forschung. Berlin. Online verfügbar unter https://www.bmbf.de/upload_filestore/pub/Studierendensurvey_Ausgabe_13_Zusammenfassung.pdf (letzter Abruf am 04.02.2020).

Neuhaus, Lukas/Käch, Oliver (Hg.) (2018): Bedingte Professionalität. Professionelles Handeln im Kontext von Institution und Organisation. Weinheim und Basel: Beltz Juventa.

OECD (2005): Definition und Auswahl von Schlüsselkompetenzen. Zusammenfassung. Online verfügbar unter https://www.oecd.org/pisa/35693281.pdf (letzter Abruf am 04.02.2020).

Orth, Helen (1999): Schlüsselqualifikationen an deutschen Hochschulen – Konzepte, Standpunkte und Perspektiven. Neuwied: Luchterhand.

Pfadenhauer, Michaela (2003): Professionalität. Eine wissenssoziologische Rekonstruktion institutionalisierter Kompetenzdarstellungskompetenz. Opladen: Leske und Budrich.

Pfadenhauer, Michaela (2005a): Die Definition des Problems aus der Verwaltung der Lösung. Professionelles Handeln revisited. In: Pfadenhauer, Michaela (Hg.): Professionelles Handeln. Wiesbaden: VS, S. 9–22.

Pfadenhauer, Michaela (Hg.) (2005b): Professionelles Handeln. Wiesbaden: VS.

Pfadenhauer, Michaela/Kunz, Alexa M. (2012): Kompetenzen in der Kompetenzerfassung. Ansätze und Auswirkungen der Vermessung von Bildung. Weinheim und Basel: Beltz Juventa.

Robertson-von Trotha, Caroline Y./Görisch, Jens/Koban, Helene (2009): Projekte zu Schlüsselqualifikationen an Technischen Universitäten. Konzeptionelle Überlegungen, empirische Erhebungen und interuniversitärer Austausch. In: Robertson-von Trotha, Caroline Y. (Hg.): Schlüsselqualifikationen für Studium, Beruf und Gesellschaft: Technische Universitäten im Kontext der Kompetenzdiskussion. Neuauflage [Online]. Karlsruhe: KIT Scientific Publishing, S. 135–168. Online verfügbar unter http://books.openedition.org/ksp/3305 (letzter Abruf am 04.02.2020).

Rychen, Dominique S. (2008): OECD Referenzrahmen für Schlüsselkompetenzen – ein Überblick. In: Bormann, Inka/de Haan, Gerhard (Hg.): Kompetenzen der Bildung für nachhaltige Entwicklung. Operationalisierung, Messung, Rahmenbedingungen, Befunde. Wiesbaden: Springer VS, S. 15–22.

Rychen, Dominique S./Salganik, Laura H. (Hg.) (2001): Defining and Selecting Key Competencies. Bern u. a.: Hogrefe & Huber Publishers.

Rychen, Dominique S./Salganik, Laura H. (Hg.) (2003): Key Competencies for a Successful Life and Well-Functioning Society. Göttingen: Hogrefe & Huber Publishers.

Schaeper, Hildegard (2005): Hochschulbildung und Schlüsselkompetenzen. Der Beitrag der Hochschulforschung zur Evaluation der Qualifizierungsfunktionen und -leistungen von Hochschulen. In: Teichler, Ulrich/Tippelt, Rudolf (Hg.): Hochschullandschaft im Wandel. Zeitschrift für Pädagogik, 50. Beiheft, S. 209–220.

Schaper, Niclas unter Mitwirkung von Reis, Oliver/Wildt, Johannes/Horvath, Eva/Bender, Elena (2012): Fachgutachten zur Kompetenzorientierung in Studium und Lehre. Online verfügbar unter https://www.hrk-nexus.de/fileadmin/redaktion/hrk-nexus/07-Downloads/07-02-Publikationen/fachgutachten_kompetenzorientierung.pdf (letzter Abruf am 04.02.2020).

Schomburg, Harald/Teichler, Ulrich (Hg.) (2011): Employability and Mobility of Bachelor Graduates in Europe. Key Results of the Bologna Process. Rotterdam: Sense Publishers.

Seidl, Tobias (im Erscheinen): Förderung von Schlüsselkompetenzen. In: Kordts-Freudinger, Robert/Schaper, Niclas/Scholkmann, Antonia/Szczyrba, Birgit (Hg.): Handbuch Hochschuldidaktik. Stuttgart: utb.

Sorbonne-Erklärung (1998): Gemeinsame Erklärung zur Harmonisierung der Architektur der europäischen Hochschulbildung. Online verfügbar unter https://www.sbfi.admin.ch/dam/sbfi/de/dokumente/1998_sorbonne-erklaerung.pdf.download.pdf/1998_sorbonne-erklaerung.pdf (letzter Abruf am 18.05.2020).

Stifterverband für die Deutsche Wissenschaft (Hg.) (2004): Schlüsselkompetenzen und Beschäftigungsfähigkeit. Konzepte für die Vermittlung überfachlicher Qualifikationen an Hochschulen. Essen. Online verfügbar unter https://zhq.th-brandenburg.de/fileadmin/user_upload/zentren/hochschulentwicklung-qualitaet/Literatur_Schuesselkompetenz/schluesselkompetenzen_und_beschaeftigungsfaehigkeit_2004.pdf (letzter Abruf am 04.02.2020).

Stifterverband und McKinsey (Hg.) (2018): Future Skills: Welche Kompetenzen in Deutschland fehlen – Diskussionspaper 1. Essen. Online verfügbar unter www.stifterverband.org/medien/future-skills-welche-kompetenzen-in-deutschland-fehlen (letzter Abruf am 25.08.2020).

Stifterverband und McKinsey (Hg.) (2019): Future Skills: Strategische Potenziale für Hochschulen – Diskussionspaper 3. Essen. Online verfügbar unter www.stifterverband.org/medien/future-skills-strategische-potenziale-fuer-hochschulen (letzter Abruf am 25.08.2020).

Strübing, Jörg/Schnettler, Bernt (2004): Klassische Grundlagentexte zur Methodologie interpretativer Sozialforschung. In: Strübing, Jörg/Schnettler, Bernt (Hg.): Methodologie interpretativer Sozialforschung. Klassische Grundlagentexte. Konstanz: UVK, S. 9–18.

Ufert, Detlef (Hg.) (2015): Schlüsselkompetenzen im Hochschulstudium. Eine Orientierung für Lehrende. Opladen: Barbara Budrich/utb.

Weick, Karl E. (1976): Educational Organizations as Loosely Coupled Systems. In: Administrative Science Quarterly 21, H. 1, S. 1–19.

Weinert, Franz E. (2001): Concept of Competence: A Conceptual Clarification. In: Rychen, Dominique S./Salganik, Laura H. (Hg.): Defining and Selecting Key Competencies. Bern u. a.: Hogrefe & Huber Publishers, S. 45–65.

Wilkesmann, Uwe (2019): Methoden der Hochschulforschung. Eine methodische, erkenntnis- und organisationstheoretische Einführung. Weinheim und Basel: Beltz Juventa.

Wilkesmann, Uwe/Schmid, Christian J. (Hg.) (2012a): Hochschule als Organisation. Wiesbaden: Springer VS.

Wilkesmann, Uwe/Schmid, Christian J. (2012b): Vorwort. In: Wilkesmann, Uwe/Schmid, Christian J. (Hg.): Hochschule als Organisation. Wiesbaden: Springer VS, S. 7–14.

Wilson, Thomas P. (1973): Theorien der Interaktion und Modelle soziologischer Erklärung. In: Arbeitsgruppe Bielefelder Soziologen (Hg.): Alltagswissen, Interaktion und gesellschaftliche Wirklichkeit. Band 1: Symbolischer Interaktionismus und Ethnomethodologie. Reinbek bei Hamburg: Rowohlt, S. 54–79.

Wissenschaftsrat (2000): Empfehlungen zur Einführung neuer Studienstrukturen und -abschlüsse (Bakkalaureus/Bachelor – Magister/Master) in Deutschland. Online verfügbar unter https://www.wissenschaftsrat.de/download/archiv/4418-00.pdf;jsessionid=1B55D672504C09194C9A839CFB2E61E9.delivery1-master?__blob=publicationFile&v=3 (letzter Abruf am 04.02.2020).

Wissenschaftsrat (2006): Empfehlungen zur künftigen Rolle der Universitäten im Wissenschaftssystem. Online verfügbar unter https://www.wissenschaftsrat.de/download/archiv/7067-06.pdf;jsessionid=D805849D0CCD06F650AF224EBD93CA9E.delivery1-master?__blob=publicationFile&v=2 (letzter Abruf am 18.05.2020).

Wissenschaftsrat (2008): Empfehlungen zur Qualitätsverbesserung von Lehre und Studium. Online verfügbar unter https://www.wissenschaftsrat.de/download/archiv/8639-08.pdf?__blob=publicationFile&v=2 (letzter Abruf am 22.03.2020).

Woisch, Andreas/Willige, Janka (2015): Internationale Mobilität im Studium 2015. Ergebnisse der fünften Befragung deutscher Studierender zur studienbezogenen Auslandsmobilität. Online verfügbar unter https://www.daad.de/medien/der-daad/analysen-studien/daad_dzhw_internationale_mobilit%C3%A4t_im_studium_2015.pdf (letzter Abruf am 22.03.2020).

Zimmermann, Julia/Hutteman, Roos/Nestler, Steffen/Neyer, Franz J./Back, Mitja (2015): Und wenn sie zurückkommen, sind sie plötzlich erwachsen…?! Auslandserfahrungen als Kontext der Persönlichkeitsentwicklung. In: Fachstelle für Internationale Jugendarbeit der Bundesrepublik Deutschland e.V. (Hg.): Forum Jugendarbeit International 2013–2015. Bonn: DCM, S. 203–213.

7.2 Abbildungsverzeichnis

Abbildung 1: Begriffsuniversum ‚Schlüsselqualifikationen' 18
Abbildung 2: Forschungsdesign 35
Abbildung 3: Anzahl der SQ-Einheiten an den Universitäten 46
Abbildung 4: Verteilung der Arten von SQ-Anbietern 49
Abbildung 5: Übersicht zu Themen und Inhalten der SQ-Angebote 51
Abbildung 6: Themen, dargestellt nach Anzahl der anbietenden SQ-Einheiten (getrennt dargestellt nach Recherche- und Umfrage-Ergebnissen) 52
Abbildung 7: Zusammenfassende Übersicht zum Thema Kommunikation und Kooperation 53
Abbildung 8: Zusammenfassende Übersicht zum Thema Wissenschaftliches Arbeiten 55
Abbildung 9: Zusammenfassende Übersicht zum Thema Interkulturalität, Internationalität und Diversität 57
Abbildung 10: Zusammenfassende Übersicht zum Thema Sprachen 59
Abbildung 11: Zusammenfassende Übersicht zum Thema Management (in verschiedenen Bereichen) 61
Abbildung 12: Zusammenfassende Übersicht zum Thema Lern- und Arbeitstechniken 63
Abbildung 13: Zusammenfassende Übersicht zum Thema Berufsorientierung und -einstieg 65
Abbildung 14: Zusammenfassende Übersicht zum Thema Juristische und ökonomische Grundlagen 67
Abbildung 15: Zusammenfassende Übersicht zum Thema Medienbildung 69
Abbildung 16: Zusammenfassende Übersicht zum Thema Selbstverortung, geistige und körperliche Gesundheit 71
Abbildung 17: Zusammenfassende Übersicht zum Thema EDV 74
Abbildung 18: Zusammenfassende Übersicht zum Thema Ethik und gesellschaftliche Verantwortung 76
Abbildung 19: Zusammenfassende Übersicht zum Thema Historische und politische Grundlagen 78
Abbildung 20: Unterscheidungsdimensionen von SQ-Anbietern im Rahmen der Typenbildung 80
Abbildung 21: Neutronenstern 82
Abbildung 22: Abstrakte Darstellung Typ Neutronenstern 82
Abbildung 23: Saturn 84
Abbildung 24: Abstrakte Darstellung Typ Saturn 84
Abbildung 25: Krebsnebel 86
Abbildung 26: Abstrakte Darstellung Typ Krebsnebel 86
Abbildung 27: Supernova 0509 88
Abbildung 28: Abstrakte Darstellung Typ Supernova 0509 88
Abbildung 29: Roter Riese 90
Abbildung 30: Abstrakte Darstellung Typ Roter Riese 90
Abbildung 31: Vier-Felder-Matrix: organisatorische Einbettung und thematischer Zuschnitt von SQ-Angeboten 96
Abbildung 32: Codebaum 130

7.3 Glossar

Dezidierte Schlüsselqualifikations-Einrichtungen (SQ-Einrichtungen)

Als dezidierte SQ-Einrichtungen werden hier – unabhängig von der Anzahl der Mitarbeiter*innen und der institutionellen Verankerung – Organisationseinheiten mit SQ-Bezug bezeichnet,

- die sich selbst als SQ-Einrichtung bezeichnen und/oder
- zu deren vornehmlichen Aufgaben es gehört, Schlüsselqualifikationen für Studierende anzubieten und/oder
- die für die Koordination des universitätsweiten SQ-Programms verantwortlich sind.

Dezidierte SQ-Einrichtungen können strukturell sowohl an zentraler als auch dezentraler Stelle verankert sein.

Fakultäten mit studienbereichsinternen SQ-Angeboten

Unter studienbereichsinternen SQ-Angeboten der Fakultäten werden SQ-Angebote verstanden, die sich nur an Studierende des eigenen beziehungsweise eines Studienbereichs richten. Ein Beispiel wäre ein Projektmanagementseminar angeboten von der Fakultät für Maschinenbau, das sich ausschließlich an Studierende des Maschinenbaus richtet.

Organisationseinheiten mit SQ-Bezug (SQ-Einheiten)

Unter Organisationseinheiten mit SQ-Bezug – kurz SQ-Einheiten – werden sämtliche SQ-Anbieter an einer Universität verstanden, die ihr Angebot nicht ausschließlich an einen Studienbereich richten.

Dazu zählen: dezidierte SQ-Einrichtungen, Sprachzentren, Career Services, Serviceeinrichtungen, themenspezifische (Weiter-)Bildungseinrichtungen, Stabstellen oder einzelne Personen an speziell denominierten Stellen, sonstige Einrichtungen wie zum Beispiel Fachzentren und studentische Organisationen.

Organisationseinheiten mit SQ-Bezug können sowohl zentral als auch dezentral angesiedelt sein.

- **Zentrale Organisationseinheiten mit SQ-Bezug**
  Zentrale SQ-Einheiten sind strukturell in der zentralen Organisationsebene der Universität angesiedelt: Neben zentralen wissenschaftlichen Einrichtungen können dies genauso Dienstleistungs- und Serviceeinrichtungen sowie Stabstellen oder einzelne Personen an speziell denominierten Stellen sein.

- **Dezentrale Organisationseinheiten mit SQ-Bezug**
  Dezentrale SQ-Einheiten sind strukturell in der dezentralen Organisationsebene der Universität angesiedelt. Hierbei handelt es sich um SQ-Anbieter, die studienbereichsübergreifend SQ-Veranstaltungen anbieten. Dies können Fakultäten (beispielsweise ein Schreibzentrum, angesiedelt an der Fakultät für Geistes- und Sozialwissenschaften) oder einzelne Personen an speziell denominierten Stellen sein.

Dabei ist zu beachten, dass an einigen Universitäten Einrichtungen, die als Zentren ausgewiesen sind – zum Beispiel Sprach-, Schreib- oder SQ-Zentren – und damit semantisch eine zentrale Verankerung nahelegen, trotzdem dezentral verortet sind.

Schlüsselqualifikationsanbieter (SQ-Anbieter)

Unter SQ-Anbieter werden sämtliche Anbieter von SQ-Veranstaltungen an einer Universität verstanden – sowohl SQ-Einheiten als auch Fakultäten, die studienbereichsintern SQ-Veranstaltungen anbieten.

Schlüsselqualifikationsangebote (SQ-Angebote)

Unter SQ-Angebote werden sämtliche Angebote verstanden, die nicht dem kernfachlichen Teil eines Studienbereichs zugeordnet werden. SQ-Angebote umfassen damit hier auch jene Angebote, die an den einzelnen Universitäten mit anderen Bezeichnungen – wie etwa Schlüsselkompetenzen, fachübergreifende Qualifikationen, fachübergreifende Kompetenzen – versehen sind.

Zu beachten ist, dass nur diejenigen Angebote als SQ-Angebote bezeichnet werden, die als Lehrveranstaltung angelegt sind, bei der explizit die Entwicklung von Schlüsselqualifikationen im Vordergrund steht. Nicht dazu zählen ehrenamtliches Engagement oder Praktika, auch wenn diese mit ECTS-Punkten für den SQ-Bereich angerechnet werden können.

Studienbereiche

Begriffe wie Studienfeld, Studiengang, Studienbereich etc. werden an den einzelnen Universitäten unterschiedlich definiert. Hier werden diese entsprechend der Begriffsverwendung des Hochschulkompasses verstanden: „Alle Studienmöglichkeiten im Hochschulkompass sind einem oder mehreren Studienfeldern zugeordnet. Ein Studienfeld umfasst einen Teilbereich eines Wissens- oder Themengebiets, unter dem ähnliche Studiengänge zusammengefasst sind. Mehrere Studienfelder gehören wiederum zu einem bestimmten Studienbereich und mehrere Studienbereiche zu einer Fächergruppe".[47]

- Beispiel 1: Fächergruppe = Gesellschafts- und Sozialwissenschaften; Studienbereich = Pädagogik und Erziehungswissenschaften; Studiengänge = Erwachsenenbildung, Medienpädagogik
- Beispiel 2: Fächergruppe = Mathematik, Naturwissenschaften; Studienbereich = Biologie; Studiengänge = Meeresbiologie, Molekulare Mikrobiologie

47 https://www.hochschulkompass.de/studienbereiche-kennenlernen.html (Stand vom 16.10.2019).

Anhang

Kurzfragebogen

Karlsruher Institut für Technologie

HoC House of Competence Methoden LABOR

Kurzfragebogen zu den Schlüsselqualifikationsangeboten an Ihrer Hochschule

Vorbemerkung:
Mit Schlüsselqualifikationen meinen wir sämtliche *ECTS-creditierten Angebote*, die nicht – oder zumindest nicht ausschließlich – dem kernfachlichen Bereich zugerechnet werden. Dazu zählen auch Angebote, die als Schlüsselkompetenzen, Soft Skills, fachübergreifende Kompetenzen etc. bezeichnet werden.

1. **Wer bietet an Ihrer Hochschule Veranstaltungen an, die dem Bereich „Schlüsselqualifikationen" zugerechnet werden?**
   Z. B. ein Zentrum für Schlüsselqualifikationen, die Fakultäten (alle? einige ausgewählte?), der Career Service etc.
2. **Wie sind diese SQ-Anbieter strukturell in die Hochschule eingebettet?**
   Z. B. SQ-Zentrum als zentrale wissenschaftliche Einrichtung mit Zuordnung zum Vizepräsidenten für Lehre und Akademische Angelegenheiten, Schreibzentrum an der Fakultät für Geisteswissenschaften, Career Service als zentrale Dienstleistungseinrichtung, Zentrum für Studium und Lehre unter Leitung eines fakultätsangehörigen Professors etc.
3. **Gibt es weitere Angebote im SQ-Bereich, für die jedoch keine ECTS-Credits vergeben werden?**
4. **Gibt es an Ihrer Hochschule weitere Personen, die uns über den SQ-Bereich Auskunft erteilen können?**
5. **Haben Sie noch Anmerkungen für uns?**

Bei Rückfragen steht Ihnen zur Verfügung:

Kontakt House of Competence (HoC)

Offline-Darstellung des Onlinefragebogens

Schlüsselqualifikationsangebote an deutschen Hochschulen

Liebe Kolleginnen und Kollegen,

am 05. und 06. Oktober 2017 veranstalten wir, das House of Competence (HOC) am Karlsruher Institut für Technologie (KIT), die Tagung „Professionalisierung von Schlüsselqualifikationsangeboten – Woher wissen wir, was wir tun?“

(https://www.hoc.kit.edu/professionalisierungsq.php).

Begleitend führen wir eine empirische Studie zu den Schlüsselqualifikationsangeboten (SQ) an deutschen Hochschulen durch. Da Sie an Ihrer Hochschule mit der Vermittlung von Schlüsselqualifikationen betraut sind, würden wir Ihnen gerne einige Fragen dazu stellen, wie das SQ-Angebot speziell an Ihrer Einrichtung organisiert ist. Die Ergebnisse der Studie werden auf der Tagung vorgestellt und als eigenständige Publikation veröffentlicht.

Der Fragebogen wird ca. 20–25 Minuten in Anspruch nehmen. Wir wissen es sehr zu schätzen, dass Sie sich so viel Zeit nehmen und hoffen, für uns alle gewinnbringende Erkenntnisse zu generieren, über die wir in einen gemeinsamen Austausch kommen können.

Sie können den Fragebogen auch unterbrechen und zu einem späteren Zeitpunkt weiter ausfüllen. Die Umfrage ist bis zum 08.08.2017 geöffnet.

Vielen Dank für Ihre Unterstützung!
Stefanie Enderle & Kolleg*innen aus dem HOC

Welche Aufgaben fallen in das Tätigkeitsspektrum Ihrer Einrichtung?

Bitte wählen Sie alle zutreffenden Antworten aus:
☐ Lehre
☐ Forschung
☐ Beratung für Lehrende
☐ Beratung für Studierende
☐ Dienstleistungsangebote für Externe
☐ Sonstiges und zwar: ______________________________

Wie viele SQ-Veranstaltungen werden bei Ihnen durchschnittlich pro Semester angeboten?

Bitte geben Sie Ihre Antwort hier ein:

Werden in den bei Ihnen angebotenen Veranstaltungen im SQ-Bereich in der Regel ECTS-Credits vergeben?

Bitte wählen Sie eine der folgenden Antworten aus:
☐ Ja
☐ Nein

Wie viele Leistungsnachweise werden bei Ihnen pro Semester durchschnittlich ausgestellt?

Bitte geben Sie Ihre Antwort hier ein:

An wen richtet sich das SQ-Angebot Ihrer Einrichtung hauptsächlich?

Bitte wählen Sie nur eine der folgenden Antworten aus:
☐ An Studierende aller Studiengänge.
☐ An Studierende spezieller Studiengänge.
☐ Sonstiges und zwar: ______________________________

An Studierende welcher Studiengänge richtet sich Ihr Angebot hauptsächlich?

Bitte wählen Sie alle zutreffenden Antworten aus:
☐ Agrar- und Forstwissenschaften
☐ Gesellschafts- und Sozialwissenschaften
☐ Ingenieurwissenschaften
☐ Kunst, Musik, Design
☐ Lehramt
☐ Mathematik, Naturwissenschaften

☐ Medizin, Gesundheitswissenschaften
☐ Sprach-, Geistes- und Kulturwissenschaften
☐ Wirtschaftswissenschaften, Rechtswissenschaften
☐ Sonstige Studiengänge und zwar: ____________________

SQ-Programm

Zu welchen übergeordneten Themen bieten Sie Veranstaltungen an?

Bitte wählen Sie alle zutreffenden Antworten aus:
☐ Berufsorientierung und Berufseinstieg
☐ EDV
☐ Ethik und gesellschaftliche Verantwortung
☐ Historische und politische Grundlagen
☐ Interkulturalität, Internationalität, Diversität
☐ Juristische und ökonomische Grundlagen
☐ Kommunikation und Kooperation
☐ Lern- und Arbeitstechniken
☐ Management (in verschiedenen Bereichen)
☐ Medienbildung
☐ Selbstverortung, geistige und körperliche Gesundheit
☐ Sprachen
☐ Wissenschaftliches Arbeiten
☐ Sonstiges: ____________________

Sie haben als übergeordnetes Thema Berufsorientierung und Berufseinstieg ausgewählt. Welche Inhalte werden in diesem Themenfeld behandelt?

Bitte wählen Sie alle zutreffenden Antworten aus:
☐ Berufsorientierung und -findung
☐ Bewerbungsvorbereitung
☐ Praktikum
☐ Vorbereitung auf spezielle Berufsfelder/Berufe
☐ Sonstiges: ____________________

*Sie haben als übergeordnetes Thema EDV ausgewählt.
Welche Inhalte werden in diesem Themenfeld behandelt?*

Bitte wählen Sie alle zutreffenden Antworten aus:
☐ Textverarbeitung
☐ Tabellenkalkulation
☐ Video- und Bildbearbeitung
☐ Layout und Satz

☐ Datenverwaltung und Webdesign
☐ Sonstiges: ______________________________

Sie haben als übergeordnetes Thema <u>Ethik und gesellschaftliche Verantwortung</u> ausgewählt. Welche Inhalte werden in diesem Themenfeld behandelt?

Bitte wählen Sie alle zutreffenden Antworten aus:
☐ Gesellschaftliches und soziales Engagement
☐ Nachhaltigkeit
☐ Forschungsethik
☐ Wirtschaftsethik
☐ Alltagsethik
☐ Unternehmensethik
☐ Ethischer Konsum
☐ Sonstiges: ______________________________

Sie haben als übergeordnetes Thema <u>Historische und politische Grundlagen</u> ausgewählt. Welche Inhalte werden in diesem Themenfeld behandelt?

Bitte wählen Sie alle zutreffenden Antworten aus:
☐ Demokratie, demokratisches Handeln
☐ Internationale Beziehungen
☐ Rechts- und Staatsphilosophie
☐ Staatsmodelle
☐ Verfassungsgeschichte
☐ Sonstiges: ______________________________

Sie haben als übergeordnetes Thema <u>Interkulturalität, Internationalität, Diversität</u> ausgewählt. Welche Inhalte werden in diesem Themenfeld behandelt?

Bitte wählen Sie alle zutreffenden Antworten aus:
☐ Interkulturelle Kommunikation
☐ Interkulturelle Handlungsfelder
☐ Kultur- und Landeskunde
☐ Migration
☐ Soziale (Un-)Gleichheit (z. B. Geschlecht, Migrationshintergrund, soziale Schicht, Behinderung, Alter, sexuelle Orientierung)
☐ Sonstiges: ______________________________

Sie haben als übergeordnetes Thema Juristische und ökonomische Grundlagen ausgewählt. Welche Inhalte werden in diesem Themenfeld behandelt?

Bitte wählen Sie alle zutreffenden Antworten aus:

☐ BWL
☐ Entrepreneurship, Unternehmerisches Handeln
☐ Marketing
☐ Organisationstheorie und -entwicklung
☐ Rechtsgrundlagen (z. B. Medien-, Presse-, Urheberrecht)
☐ VWL
☐ Sonstiges: ______________________________

Sie haben als übergeordnetes Thema Kommunikation und Kooperation ausgewählt. Welche Inhalte werden in diesem Themenfeld behandelt?

Bitte wählen Sie alle zutreffenden Antworten aus:

☐ Argumentation
☐ Diskussionsführung
☐ Frei sprechen
☐ Führungsverhalten
☐ Gesprächsführung
☐ Konfliktbewältigung
☐ Körpersprache
☐ Kreativitätstechniken
☐ Moderation
☐ Nonverbale Kommunikation
☐ Rhetorik
☐ Präsentation
☐ Stimm- und Spracheinsatz
☐ Teamarbeit
☐ Verhandlungsführung
☐ Sonstiges: ______________________________

Sie haben als übergeordnetes Thema Lern- und Arbeitstechniken ausgewählt. Welche Inhalte werden in diesem Themenfeld behandelt?

Bitte wählen Sie alle zutreffenden Antworten aus:

☐ Lernmanagement
☐ Lernmotivation
☐ Lesetechniken
☐ Prokrastination
☐ Zeitmanagement
☐ Sonstiges: ______________________________

Sie haben als übergeordnetes Thema Management (in verschiedenen Bereichen) ausgewählt. Welche Inhalte werden in diesem Themenfeld behandelt?

Bitte wählen Sie alle zutreffenden Antworten aus:
☐ Change Management
☐ Diversity Management
☐ Eventmanagement
☐ Gesundheitsmanagement
☐ Innovationsmanagement
☐ Kulturmanagement
☐ Personalmanagement
☐ Projektmanagement
☐ Qualitätsmanagement
☐ Wissenschaftsmanagement
☐ Sonstiges: ______________________

Sie haben als übergeordnetes Thema Medienbildung ausgewählt. Welche Inhalte werden in diesem Themenfeld behandelt?

Bitte wählen Sie alle zutreffenden Antworten aus:
☐ Medienanalyse
☐ Medienkritik
☐ Umgang mit digitalen Medien
☐ Sonstiges: ______________________

Sie haben als übergeordnetes Thema Selbstverortung, geistige und körperliche Gesundheit ausgewählt. Welche Inhalte werden in diesem Themenfeld behandelt?

Bitte wählen Sie alle zutreffenden Antworten aus:
☐ Selbstreflexion
☐ Umgang mit Stress und Belastung
☐ Achtsamkeit
☐ Perspektiven für den eigenen Lebensweg
☐ Resilienz
☐ Prüfungsangst
☐ Prokrastination
☐ Emotionsregulation
☐ Bewegung und Sport
☐ Ernährung
☐ Sonstiges: ______________________

Sie haben als übergeordnetes Thema Sprachen ausgewählt. Welche Inhalte werden in diesem Themenfeld behandelt?

Bitte wählen Sie alle zutreffenden Antworten aus:
☐ Deutsch als Fremdsprache
☐ Fremdsprachen
☐ Sonstiges: ______________________________

Sie haben als übergeordnetes Thema Wissenschaftliches Arbeiten ausgewählt. Welche Inhalte werden in diesem Themenfeld behandelt?

Bitte wählen Sie alle zutreffenden Antworten aus:
☐ Informationskompetenz
☐ Literaturrecherche
☐ Literaturverwaltung
☐ Qualitative Forschungsmethoden (Erhebung und Auswertung) z. B. Interview, Beobachtung, Gruppendiskussion
☐ Quantitative Forschungsmethoden (Erhebung und Auswertung) z. B. Statistik, Umfragen
☐ Wissenschaftliches Schreiben
☐ Sonstiges: ______________________________

Wieviel Prozent Ihrer Veranstaltungen bieten Sie ungefähr in den folgenden Formaten an?

Bitte geben Sie Ihre Antwort(en) hier ein:
Semesterbegleitende Veranstaltungen ______________________
Blockveranstaltungen ______________________________
Sonstiges ______________________________

Um was für ein Format handelt es sich bei „Sonstiges"? Bitte beschreiben Sie es uns kurz.

Bitte geben Sie Ihre Antwort hier ein:

Wie viele ECTS-Credits müssen Studierende an Ihrer Hochschule im SQ-Bereich etwa erwerben?

Bitte geben Sie Ihre Antwort hier ein:

Z. B. in der Regel im Bachelor 6 Credits, im Master 3 Credits.

Verzahnung von SQ und Fachstudium

Nun interessiert uns, in welchem Maß die von Ihnen angebotenen SQ-Inhalte in fachwissenschaftliche Veranstaltungen integriert sind.

Z. B. Impulse zum wissenschaftlichen Arbeiten in einer Fachveranstaltung der Physik.
Bitte wählen Sie nur eine der folgenden Antworten aus:
☐ Unsere SQ-Inhalte sind nie in fachwissenschaftliche Veranstaltungen integriert, sie stehen immer für sich.
☐ Unsere SQ-Inhalte sind zu geringen Teilen in fachwissenschaftliche Veranstaltungen integriert.
☐ Unsere SQ-Inhalte sind teilweise in fachwissenschaftliche Veranstaltungen integriert, teilweise stehen sie für sich.
☐ Unsere SQ-Inhalte sind größtenteils in fachwissenschaftliche Veranstaltungen integriert.
☐ Unsere SQ-Inhalte sind immer in fachwissenschaftliche Veranstaltungen integriert, sie stehen nie für sich.

Inwiefern sind Ihre SQ-Angebote disziplinenspezifisch bzw. disziplinenübergreifend ausgerichtet?

Z. B. Präsentationstraining für Ingenieur*innen (disziplinenspezifisch), Präsentationstraining offen für alle Fächer (disziplinenübergreifend).
Bitte wählen Sie nur eine der folgenden Antworten aus:
☐ Alle unsere SQ-Veranstaltungen sind disziplinenspezifisch ausgerichtet.
☐ Der Großteil unserer SQ-Veranstaltungen ist disziplinenspezifisch ausgerichtet.
☐ Ein Teil unserer SQ-Veranstaltungen ist disziplinenspezifisch ausgerichtet, ein Teil disziplinenübergreifend.
☐ Der Großteil unserer SQ-Veranstaltungen ist disziplinenübergreifend ausgerichtet.
☐ Alle unsere SQ-Veranstaltungen sind disziplinenübergreifend ausgerichtet.

*Inwiefern kooperieren Sie bei der Entwicklung von SQ-Veranstaltungen mit Vertreter*innen aus den Fachstudiengängen?*

Bitte wählen Sie nur eine der folgenden Antworten aus:
☐ Wir entwickeln alle unsere SQ-Veranstaltungen eigenständig.
☐ Wir entwickeln den Großteil unserer SQ-Veranstaltungen eigenständig.
☐ Wir entwickeln unsere SQ-Veranstaltungen teilweise eigenständig, teilweise in Kooperation mit Vertreter*innen aus den Fachstudiengängen.
☐ Wir entwickeln den Großteil unserer SQ-Veranstaltungen in Kooperation mit Vertreter*innen aus den Fachstudiengängen.

☐ Wir entwickeln alle unsere SQ-Veranstaltungen in Kooperation mit Vertreter*innen aus den Fachstudiengängen.

Struktur

Wie sind Sie als SQ-Anbieter strukturell in die Hochschule eingebettet?

Z. B. SQ-Zentrum als zentrale wissenschaftliche Einrichtung mit Zuordnung zum Vizepräsidenten für Lehre und Akademische Angelegenheiten, Schreibzentrum an der Fakultät für Geisteswissenschaften, Career Service als zentrale Dienstleistungseinrichtung, Zentrum für Studium und Lehre unter Leitung eines fakultätsangehörigen Professors etc.

Bitte geben Sie Ihre Antwort hier ein:

Wie sieht Ihre Beschäftigungsstruktur derzeit aus?

Bitte geben Sie Ihre Antwort(en) hier ein:
Anzahl wissenschaftliche Mitarbeiter*innen: ________________
Anzahl Mitarbeiter*innen in Verwaltung & Technik (VT): ________________
Anzahl entfristete Stellen (wiss. Mitarbeiter*innen
+ Mitarbeiter*innen VT): ________________
Anzahl Vollzeitäquivalente: ________________
Anzahl externe Lehrbeauftragte: ________________
Anzahl Hilfskräfte: ________________
Andere: ________________

Um was für ein Beschäftigungsverhältnis handelt es sich, wenn Sie „Andere" gewählt haben?

Bitte geben Sie Ihre Antwort hier ein:

Wer übernimmt bei Ihnen die SQ-Lehre?

Bitte wählen Sie alle zutreffenden Antworten aus:
☐ Eigene, bei uns angestellte Mitarbeiter*innen
☐ Externe Lehrbeauftragte
☐ Dozierende aus den Fachstudiengängen
☐ Andere und zwar: ____

*Kommen bei Ihnen Tutor*innen zum Einsatz?*

Bitte wählen Sie nur eine der folgenden Antworten aus:
☐ Ja
☐ Nein

*Wie werden Tutor*innen bei Ihnen eingesetzt?*

Bitte wählen Sie alle zutreffenden Antworten aus:
☐ Peer-Beratung
☐ Unterstützung von Dozierenden in Veranstaltungen
☐ Eigenständige Vermittlung von Inhalten (z. B. in Seminaren, Übungen, Tutorien)
☐ Sonstiges: ________________________________

Beziehen Sie sich auf ein bestimmtes (Schlüssel-)Kompetenzmodell oder arbeiten Sie mit einem bestimmten (Schlüssel-)Kompetenzbegriff?

Bitte geben Sie Ihre Antwort hier ein:

Sollten Sie dazu erläuterndes Material haben, würden wir uns freuen, wenn Sie uns dieses zur Verfügung stellen würden. Sie können es uns gerne via E-Mail (Stefanie.Enderle@kit.edu) zusenden oder Ihre E-Mail Adresse als Kommentar hinterlassen und wir kontaktieren Sie.

Um die Ergebnisse der Umfrage mit weiteren Forschungsdaten zu verbinden, bitten wir Sie um einige Angaben zu Ihrer Hochschule und Einrichtung. Ihrer Angaben werden selbstverständlich streng vertraulich behandelt. Die Ergebnisse werden ausschließlich in anonymisierter Form dargestellt. Rückschlüsse auf Ihre Einrichtung und Hochschule werden nicht möglich sein.

An welcher Hochschule sind Sie tätig?

Bitte wählen Sie nur eine der folgenden Antworten aus:
☐ Albert-Ludwigs-Universität Freiburg
☐ Bard College Berlin – a Liberal Arts University
☐ Bergische Universität Wuppertal
☐ Brandenburgische Technische Universität Cottbus-Senftenberg
☐ Bucerius Law School (Hamburg)
☐ Carl von Ossietzky Universität Oldenburg
☐ Christian-Albrechts-Universität zu Kiel
☐ Deutsche Sporthochschule Köln
☐ Deutsche Universität für Verwaltungswissenschaften Speyer
☐ Deutsche Universität für Weiterbildung Berlin
☐ Eberhard Karls Universität Tübingen
☐ EBS Universität für Wirtschaft und Recht gGmbH Wiesbaden
☐ ESCP Europe Berlin
☐ ESMT European School of Management and Technology
☐ Ernst-Moritz-Arndt-Universität Greifswald
☐ Europa-Universität Viadrina Frankfurt (Oder)
☐ FernUniversität in Hagen
☐ Folkwang Universität der Künste
☐ Frankfurt School of Finance & Management gGmbH Frankfurt
☐ Freie Universität Berlin
☐ Friedrich-Alexander-Universität Erlangen-Nürnberg
☐ Georg-August-Universität Göttingen
☐ Goethe-Universität Frankfurt am Main
☐ Gottfried Wilhelm Leibniz Universität Hannover
☐ HafenCity Universität Hamburg
☐ Heinrich-Heine-Universität Düsseldorf
☐ Helmut-Schmidt-Universität – Universität der Bundeswehr Hamburg
☐ Hertie School of Governance
☐ HHL Leipzig
☐ Hochschule für Jüdische Studien (Heidelberg)
☐ Hochschule für Philosophie München
☐ Hochschule Geisenheim
☐ Humboldt-Universität zu Berlin

☐ Jacobs University Bremen
☐ Johannes Gutenberg-Universität Mainz
☐ Julius-Maximilians-Universität Würzburg
☐ Justus-Liebig Universität Gießen
☐ Karlsruher Institut für Technologie
☐ Katholische Universität Eichstätt-Ingolstadt
☐ Kirchliche Hochschule Wuppertal/Bethel
☐ Leuphana Universität Lüneburg
☐ Ludwig-Maximilians-Universität München
☐ Martin-Luther-Universität Halle-Wittenberg
☐ Medizinische Hochschule Hannover
☐ Otto-Friedrich-Universität Bamberg
☐ Otto-von-Guericke-Universität Magdeburg
☐ Pädagogische Hochschule Freiburg
☐ Pädagogische Hochschule Heidelberg
☐ Pädagogische Hochschule Karlsruhe
☐ Pädagogische Hochschule Ludwigsburg
☐ Pädagogische Hochschule Schwäbisch Gmünd
☐ Pädagogische Hochschule Weingarten
☐ Philipps-Universität Marburg
☐ Philosophisch-Theologische Hochschule Sankt Augustin
☐ Philosophisch-Theologische Hochschule Sankt Georgen (Frankfurt a. M.)
☐ Philosophisch-Theologische Hochschule Vallendar
☐ Private Universität Witten/Herdecke
☐ Rheinische Friedrich-Wilhelms-Universität Bonn
☐ Ruhr-Universität Bochum
☐ RWTH Aachen
☐ Steinbeis-Hochschule (Berlin)
☐ Stiftung Universität Hildesheim
☐ Technische Universität Bergakademie Freiberg
☐ Technische Universität Berlin
☐ Technische Universität Carolo-Wilhelmina zu Braunschweig
☐ Technische Universität Chemnitz
☐ Technische Universität Clausthal Zellerfeld
☐ Technische Universität Darmstadt
☐ Technische Universität Dortmund
☐ Technische Universität Dresden
☐ Technische Universität Hamburg-Harburg
☐ Technische Universität Ilmenau
☐ Technische Universität Kaiserslautern
☐ Technische Universität München
☐ Theologische Fakultät Fulda

☐ Theologische Fakultät Paderborn
☐ Theologische Fakultät Trier
☐ Theologische Hochschule der Evangelisch-Lutherischen Kirche in Bayern
☐ Tierärztliche Hochschule Hannover
☐ Universität Augsburg
☐ Universität Bayreuth
☐ Universität Bielefeld
☐ Universität Bremen
☐ Universität der Bundeswehr München
☐ Universität Jena
☐ Universität der Künste Berlin
☐ Universität des Saarlandes
☐ Universität Duisburg-Essen
☐ Universität Erfurt
☐ Universität Flensburg
☐ Universität Hamburg
☐ Universität Heidelberg
☐ Universität Hohenheim
☐ Universität Kassel
☐ Universität Koblenz-Landau
☐ Universität Konstanz
☐ Universität Leipzig
☐ Universität Mannheim
☐ Universität Osnabrück
☐ Universität Paderborn
☐ Universität Passau
☐ Universität Potsdam
☐ Universität Regensburg
☐ Universität Rostock
☐ Universität Siegen
☐ Universität Stuttgart
☐ Universität Trier
☐ Universität Ulm
☐ Universität Vechta
☐ Universität Weimar
☐ Universität zu Köln
☐ Universität zu Lübeck
☐ Westfälische Wilhelms-Universität Münster
☐ WHU – Otto Beisheim School of Management
☐ Zeppelin Universität Friedrichshafen
☐ An einer anderen Hochschule und zwar: ______________________________

An welcher Einrichtung sind Sie tätig?

Bitte geben Sie Ihre Antwort hier ein:

Haben Sie noch Anmerkungen für uns?

Bitte geben Sie Ihre Antwort hier ein:

Vielen Dank für Ihre Kooperation!

Sollten Sie noch Fragen haben oder weitere Informationen über das Projekt wünschen, wenden Sie sich gerne an:

Kontakt House of Competence (HoC)

Codebaum

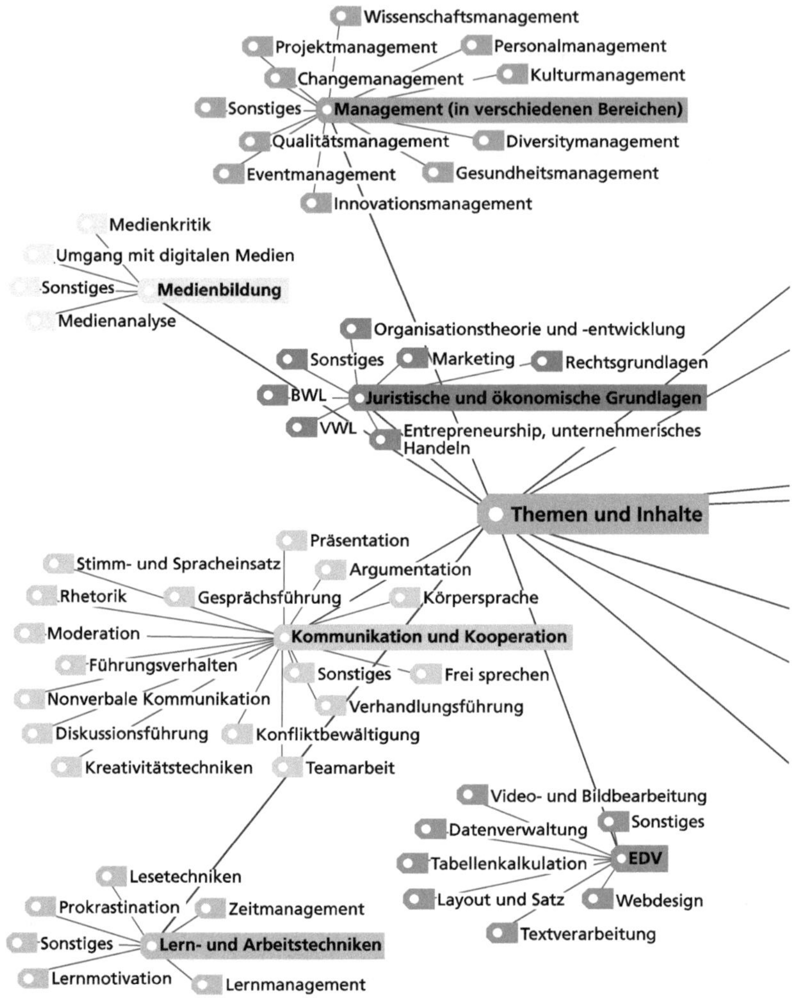

Abbildung 32: Codebaum

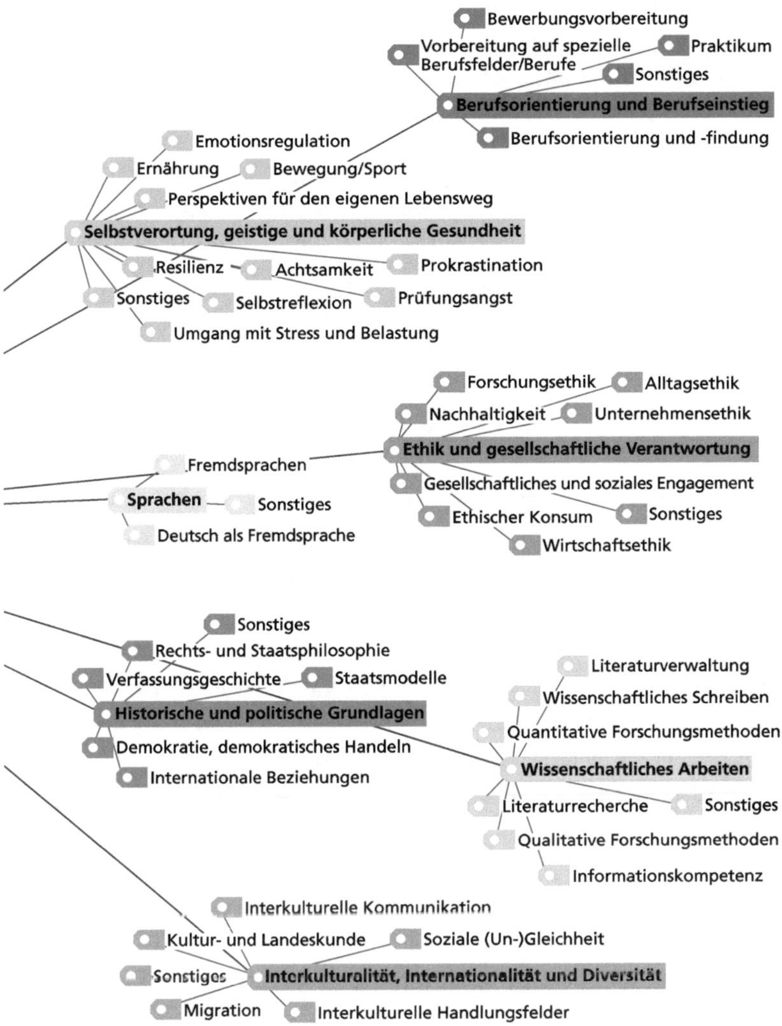
Bewerbungsvorbereitung
Vorbereitung auf spezielle Berufsfelder/Berufe
Praktikum
Sonstiges
Berufsorientierung und Berufseinstieg
Berufsorientierung und -findung
Emotionsregulation
Ernährung
Bewegung/Sport
Perspektiven für den eigenen Lebensweg
Selbstverortung, geistige und körperliche Gesundheit
Resilienz
Achtsamkeit
Prokrastination
Sonstiges
Selbstreflexion
Prüfungsangst
Umgang mit Stress und Belastung
Forschungsethik
Alltagsethik
Nachhaltigkeit
Unternehmensethik
Ethik und gesellschaftliche Verantwortung
Fremdsprachen
Sprachen
Sonstiges
Deutsch als Fremdsprache
Gesellschaftliches und soziales Engagement
Ethischer Konsum
Sonstiges
Wirtschaftsethik
Sonstiges
Rechts- und Staatsphilosophie
Verfassungsgeschichte
Staatsmodelle
Historische und politische Grundlagen
Demokratie, demokratisches Handeln
Internationale Beziehungen
Literaturverwaltung
Wissenschaftliches Schreiben
Quantitative Forschungsmethoden
Wissenschaftliches Arbeiten
Literaturrecherche
Sonstiges
Qualitative Forschungsmethoden
Informationskompetenz
Interkulturelle Kommunikation
Kultur- und Landeskunde
Soziale (Un-)Gleichheit
Sonstiges
Interkulturalität, Internationalität und Diversität
Migration
Interkulturelle Handlungsfelder